Luisa Francia

DIE MAGIE DER STEINE

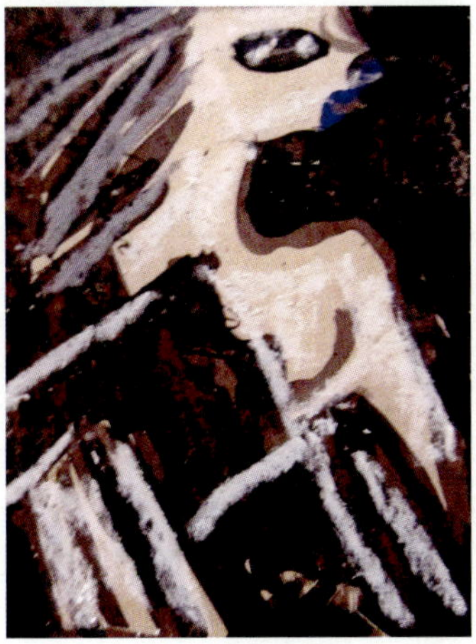

Mit Fotos, Bildern und Zeichnungen von Luisa Francia

Luisa Francia

DIE MAGIE DER STEINE

Weshalb wir sie lieben,
sie mit nach Hause nehmen und
wie sie uns helfen können

nymphenburger

»Tu einem Stein Gutes – er wird es dir vergelten.«
ARABISCHES SPRICHWORT

Gestaltung: Wolfgang Heinzel
Gesetzt aus der Minion und Mason
Druck und Binden: Print Consult GmbH
Printed in EU
ISBN 978-3-485-01403-8
www.nymphenburger-verlag.de
www.salamandra.de

INHALT

Als Kind hatte ich einen Traum ...

... der immer wiederkehrte. Ich war auf einer Insel, auf der drei Häuser mit spitzen Giebeln standen. Wenn ich näher auf diese Häuser zuging, waren es drei Felsen. Diese drei Felsen bedeuteten für mich als Kind das Ende der Welt. Hier endete das, was ich kannte, die vertraute Welt mit Menschen, Pflanzen, Tieren, Steinen. Dahinter begann die dunkle, unbekannte, zwar nicht bedrohliche, doch immer geheimnisvolle Tiefe des Universums.

Ich fiel als Kind oft in eine Art Trance. Ich hatte dabei das Gefühl, nach hinten zu kippen und fortwährend im leeren Raum zu kreisen. Um diese Vision zu beenden, stellte ich mir vor, auf einem Heuwagen zu landen. In der Ferne standen die drei spitzen Felsen. Meine Rettung. Seither sind Steine und Felsen meine Verbündeten.

Ich habe schon in vielen Büchern über Erlebnisse mit Steinen erzählt. Dass einige dieser Geschichten auch hier vorkommen, hängt damit zusammen, dass sie in einem Buch über Steine einfach nicht fehlen dürfen.

sie stehen im kreis
in langsamen wellen
steigt ihr atem auf
zu den sternen
und sinkt zur erde zurück
sie atmen aus
kriege hungersnöte seuchen
sie atmen ein
tiere tauchen auf
verschwinden
pflanzen wachsen verblühen
sie atmen aus
kein mensch kein tier
kein leben
das gras wird gelb
die sonne zieht über den himmel
wolken ballen sich zusammen
lösen sich auf
der mond wird voll
wird leer
jahrhunderte vergehen
jahrtausende
da stehen die steine
alles lebt
und stirbt
in ihrem langen atem

DAS WESEN DER STEINE

Warum wir sie so lieben und was sie uns geben

Die Freundschaft zwischen Steinen und Menschen geht auf den Anfang menschlicher Kultur zurück. Nichts und niemand begleitet uns so treu. Ohne Steine und Mineralien würden wir gar nicht existieren, gäbe es die Erde nicht. Doch es ist nicht diese Dankbarkeit der Erde und ihren »Körperteilen«, den Steinen, gegenüber, die unsere Liebe entfacht hat. Es ist die Schönheit der Steine, ihre große Kraft, die nicht nur erfreut, sondern auch heilen kann, ihre selbstverständliche Anwesenheit in unserem Leben, in den Landschaften der Erde, in unseren Wohnstätten.

Seit Beginn menschlichen Lebens waren Steine die Mitbewohner, die Helferwesen, die Begleiter und die Freunde der Menschen. Sie verbünden sich mit dem Wasser und mit Bäumen, sie fallen in unseren Alltag und begleiten unsere Zauberrituale.

Die frühen BewohnerInnen Alaskas, die so genannten Pebble People, schrieben ihre Geschichte, ihre Zaubersprüche, ihre Mitteilungen auf Steine, sie ritzten Zeichnungen und Zeichen ein, die wir zum Teil bis heute nicht entziffern können.

Gravuren in Steinen und Felsen überliefern überall auf der Welt die Botschaften früherer Völker. In Alaska und Sibirien wurde das Jagdglück mit Amuletten aus Stein gerufen, Amulette, die in menschliche oder tierische Formen geschnitten, gefeilt und geschlagen wurden. Steine sind die ersten Werkzeuge der Menschen, und auch Magie wird seit Urzeiten mit Steinen gewirkt. Bemalte und mit ockerfarbigen Tupfen verzierte Steine halfen den altsteinzeitlichen Menschen, ihren

Zauber zu bekräftigen. Lochsteine gelten seit der Jungsteinzeit als magisch und einen Lochstein zu finden gar als Erfüllung der Wünsche. Runde Steine wurden den Toten in die Megalithgrabstätten überall auf der Welt mitgegeben – die Kugel als Symbol für die Unendlichkeit des Universums, ohne Anfang, ohne Ende. Steine machen erwachsene Menschen zu Kindern, sie zaubern ein Leuchten in die Augen von rationalen und gar nicht magisch begabten Menschen, sie entzücken uns mit ihrer Formen- und Farbenvielfalt.

Vor Kurzem wurde von Forschern der Universität Perth der bisher älteste Stein der Welt, ein Zirkonkristall, in Australien gefunden, eingebettet in Gneis-Muttergestein. Er ist über vier Milliarden Jahre alt und damit nur wenig jünger als die Erde selbst, die rund fünf Milliarden Jahre alt ist. Die Forscher waren schockiert, denn dieser uralte Kristall war in unmittelbarer Nähe zu Wasser entstanden. Bisher war die Wissenschaft davon ausgegangen, dass es in der frühen Erdgeschichte noch gar kein Wasser gegeben hatte. Im Inneren des Zirkons fand man winzige Diamanten, die womöglich noch ein wenig älter sind. Diese Diamanten und Zirkonkristalle haben die Erdgeschichte von Anfang an mitgemacht. Die Erdbewegungen, die Wasserströme, das Entstehen und Auseinanderbrechen des Superkontinents Pangasia, das Entstehen und Aussterben der Dinosaurier. Diese Ur-Kristalle haben alle Klima- und Vegetations-Epochen, das Auftauchen und Aussterben von Pflanzen und Tieren, die Entstehung der Menschen begleitet und sie werden noch hier sein, wenn es auf der Erde keine Lebewesen mehr gibt. Im Lauf der Erdgeschichte kehrte Mutter Erde das Unterste zuoberst, tiefe Schichten von Granit wurden in der Gegend, die heute das Himalayagebirge bildet,

nach oben gedrückt. Die Erde bewegt sich, drückt, zieht, erzeugt Feuer, bringt Wasser hervor. Aus dem Weltall fallen Steine und Eisenstücke. Sternbrösel und Mondstaub würzen die Erdoberfläche.
Steine sind die ältesten Wesen dieses Planeten. Könnten wir sie befragen, würden wir alles über die Erde erfahren. Steine spielten und spielen eine überragende Rolle in der Geschichte der Menschen, als Unterkunft, als Schutz, als Schmuck, als Amulett und Talisman, als Begleitung und magische Verstärkung. Steine sind unsere AhnInnen, unsere BegleiterInnen, ihre Inhaltsstoffe, die Mineralien, brauchen wir zum Überleben. Ohne Steine ist die menschliche Geschichte und Kultur gar nicht denkbar.

Steinalt sind Menschen, die sehr alt sind. Das bezieht sich vielleicht auf steinerne Kultanlagen, Überreste der Steinzeit, einer Zeit, in der große Steine bewegt und verehrt wurden.
Steinreich sagt man, wenn jemand unbeschreiblich viel besitzt. Und auch hier führt eine Spur in die Frühgeschichte, in der Steine und Steinperlen Zahlungsmittel waren, mit denen Nahrung, Kleidung und Vieh gekauft werden konnte. Noch heute sind Bernstein, Koralle, Türkis und Lapislazuli Zahlungsmittel in Asien und Afrika und die uralten »Geldsteine« aus Togo, Quarze, die rund geschliffen und durchlöchert wurden, haben immer noch ihren Wert.
Steine waren wertvolles Gut für unsere AhnInnen. Doch was brachte sie dazu, ihr halbes oder sogar ihr ganzes Leben, womöglich sogar über mehrere Generationen hinweg, harte schwere Steine zu bearbeiten, zu bewegen, in kleine Steine Bilder oder Symbole zu ritzen, obwohl ihnen daraus weder unmittelbar Nahrung oder ein Dach über dem Kopf entstand?
Was wussten diese Menschen über Steine, was wir heute nicht mehr wissen?

War es so, dass über die Bearbeitung von Steinen, über ihre Berührung, eine Verbindung zu Energien entstand, die – als Nebenprodukt sozusagen – Nahrung und Dach über dem Kopf lieferte? Wie sollen wir uns die frühen Höhlenmalereien erklären? Sie dienten ja offensichtlich nicht dem Überleben, sondern der spirituellen Anrufung, dem Feiern der Lebenskraft. War die überwältigende Wirkung der Steine auf Menschen das Gelingen ihres Lebens, das Glück? Die Verwandlung der täglichen Mühsal in Tanz, in Lebenslust, in Sinnlichkeit und Wahrnehmung des Göttlichen in allem?

Mögen uns Wissenschaftler und Autoren von Schulbüchern auch von der Mühe der Steinzeitmenschen berichten – die Bilder, ihre Skulpturen, ihre Bauten, die sie uns hinterlassen haben, erzählen eine ganz andere Geschichte: Da sind tanzende Frauen, magische Begegnungen mit Tieren, Steinkammern gefüllt mit schönen Dingen. Wir können uns die Mühe der Steinzeit vielleicht eher als begeisterten Tanz der Menschen mit Steinen, mit der Natur vorstellen.

Von Menschen aller Kulturen und aller Zeiten wurden Botschaften in Steinen übermittelt – vom Rosettastein, dessen Inschriften bis heute Rätsel aufgeben, über die Dinosaurierzeichnungen von Ica in Peru, die in Granitschiefer geritzt wurden, bis hin zu den geheimnisvollen Inschriften der Stelen in Südportugal. Die Menschen vertrauten sich den Steinen an, weil diese lange Zeiten überdauern. So konnten viele Generationen die Bilder und Botschaften sehen. Die Beschäftigung mit Steinen machte offensichtlich durch die Jahrtausende Spaß und Sinn, und wenn sich heute Menschen mit Steinen beschäftigen, entsteht genau das: Faszination, ja, Begeisterung!

Sind es im Märchen nicht die Felsentore, die sich öffnen, um ungeahnte Wunder preiszugeben? Wandeln sich nicht Steine in Gold und bringt nicht die Berührung mit Steinen oft das erwünschte Happy End – zuverlässiger als jede Heirat?

Ich gehe über den Markt von Estremoz. Es regnet und die meisten Händler sind gar nicht erst gekommen. Es gibt Gemüse, Blumen, Käse, Olivenöl und zwei oder drei Altwarenhändler. Gerade als ich wieder gehen will, streift mein Blick eine Steinfigur. Zwischen mehreren Heiligenfiguren steht da eine Sheela-na-Gig, also eine Urfrau, die ihre Vulva präsentiert. Sheela-na-Gig-Darstellungen stammen ursprünglich aus dem Keltischen, aus Irland oder aus der Bretagne. Ich frage den Händler, was sie kostet. Zweihundertfünfzig Euro will er für die Granitfigur haben. Der Preis wäre schon recht, aber wie soll ich die bewegen? Mein Zögern und Überlegen deutet er als Kaufinteresse, also geht er mit dem Preis herunter. Ich überlege hin und her. »Ist die schwer?«, frage ich. Er verneint vehement. »Gar nicht.« Ich versuche sie zu heben. Keine Chance. »Na ja, es ist Granit«, sagt er. »Ich fahre sie Ihnen zum Auto!«, bietet er an. Als ich nicht gleich darauf eingehe, reduziert er den Preis noch einmal. Mittlerweile regnet es ziemlich heftig. Er ist bei hundertfünfzig Euro. Nie wieder werde ich eine alte Sheela-na-Gig für hundertfünfzig Euro bekommen. Ich gebe ihm das Geld, er holt seinen Karren. Er hebt sie mir auf den Rücksitz auf eine Decke. Mit der Decke werde ich sie zerren können, hoffe ich. Ich fahre nach Hause. Die Sonne kommt heraus. Ich hole die Schubkarre. Es dauert rund zwanzig Minuten, bis ich die Figur in die Schubkarre gezerrt habe. Als ich die Autotür zuschlagen will, fällt die Schubkarre um. Sheela-na-Gig rollt heraus. Es dauert etwa eine Stunde, bis ich die Granitfigur mitsamt der Decke wieder in die Schubkarre gewuchtet habe. Danach bin ich so erschöpft, dass ich mich im See abkühlen muss. Warum tue ich mir das an?

»Spinnst du?«, wird meine Schwester mich später fragen. Ich habe mich in diese Steinfigur verliebt und kann nicht sagen, warum ich diese Mühsal auf mich nehme. Göttinnen und Steine sind meine Leidenschaft. Eine Göttin aus Stein ist für mich sozusagen der Hauptgewinn.

Überall liegen sie, auf der Erde, in Gärten, in Wohnungen, im Gebirge, am Meer, in der Wüste – die Steine. Sie sind uralt, manche fast so alt wie der Planet selbst. Manche kommen aus dem Weltraum, vom Mond, von Asteroiden. Sternenstaub, Mondstaub findet sich überall auf der Erde. Manche Mineralien sind versteinertes Leben, Fossilien, die mit Begeisterung gesammelt und bewundert werden. Manche sind unscheinbar. Manche unbeschreiblich kostbar. Für manche Steine mussten Menschen sterben, andere retten Leben. Sie springen uns in die Hände, in die Taschen, in die Wohnungen. Es ist eigentlich ganz unerklärlich, dass so viele Menschen so große Mühen auf sich nehmen, um Steine zu finden, nach Hause zu schleppen und mit ihnen zu leben.

Steine sind im Leben, in unserer Sprache, in unseren Gewohnheiten tief verankert. Vom Stein der Weisen über den Stein des Anstoßes zum Stolperstein oder zur Redensart »Stein und Bein schwören« – ohne Steine können wir uns das Leben eigentlich gar nicht vorstellen. Dass etwas zum »Steinerweichen« ist, lässt die Vermutung zu, dass besonders starke Emotionen Steine »erweichen« oder gar auflösen können.

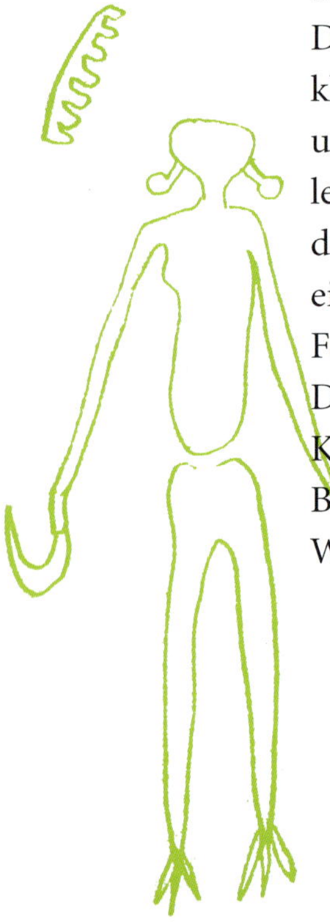

Die Liebe der Menschen zu den Steinen ist uralt. Es gibt keine vernünftige Erklärung dafür, warum Menschen große schwere Steine bewegten, zu Kultstätten und Grabanlagen anordneten. Womöglich brauchten sie jahrzehntelang, vielleicht sogar Generationen, um diese Kultanlagen zu bauen. Was kam ihnen in den Sinn, als sie diese schwere Arbeit auf sich nahmen? Stellten sie sich vor, dass einmal, viel später, Menschen ihre Steinanlagen finden würden?

Folgen wir der Wissenschaft, so sind Steine nicht nur schwer, sondern auch tot. Doch Kinder, Frauen, Männer, Junge, Alte, Akademiker, Arbeitslose, Gesunde, Kranke – die Liebe zu den Steinen zieht sich durch alle Altersgruppen, durch alle Berufe, durch alle Gesellschaftsschichten. Sie macht uns alle irgendwie gleich. Wir lieben Steine. Unzählig die Geschichten, wie Menschen geliebte Steine fan-

den und gegen alle Widrigkeiten mit nach Hause brachten oder wie ein besonders schöner Stein gefunden wurde.

Vom Beginn menschlichen Lebens an müssen Steine etwas ganz Besonderes gewesen sein, denn die ältesten Grabbeigaben sind Kultklingen aus Stein, Steinperlen, behauene Kiesel, gefärbte flache oder ovale Steine. Aus Stein wurden in der Altsteinzeit Frauenfiguren modelliert. Steine waren von Anfang an Tauschobjekte und Zahlungsmittel. Steine wurden bearbeitet, um göttliche Wesen zu verehren, um Ahninnen und Ahnen darzustellen, um sich an Menschen zu erinnern. Steinstelen und Skulpturen wurden zum Schutz aufgestellt, Tiere wurden in Stein gefeilt und gehämmert, in Steinhöhlen wurden die wunderbarsten Malereien an die Wände angebracht, oft über Tausende von Jahren. Steine dienten als Orakelmaterial und als magische Helferwesen rund um den Erdball. Schon immer waren besondere Steine Statussymbol, doch erst in jüngerer Zeit wurden sie auch zu Spekulationsobjekten, wurden sie nur zur Geldanlage erworben

und versteckt. Auch das Steinesammeln ist womöglich eine ganz junge Tradition. Zwar finden sich in steinzeitlichen Höhlen und Kammern Ansammlungen von Steinen – doch kann man daraus schließen, dass schon damals Steine gesammelt und womöglich in Museen gezeigt wurden? Wer weiß.

Fest steht: Je mehr Funde unsere Urgeschichte beschreiben, desto mehr Fragen tauchen auf. Das pedantisch geordnete Bild der Geschichte der Menschheit, wie es im 19. Jahrhundert zementiert wurde (ja auch zementieren ist ein Vorgang, der Steinmaterial enthält), lässt sich jedenfalls immer weniger halten. Die Archäologie taumelt von einem geplatzten Traum zum nächsten. Wir wissen so gut wie nichts sicher, was die frühe Geschichte betrifft. Jeder neue Fund stellt die alten Erkenntnisse wieder infrage. Doch wir haben die Steine. Lassen wir sie sprechen und lernen wir, sie zu verstehen, klärt sich unser Blick womöglich und neue Wunder tun sich auf.

Auf einer Reise durch die Sahara sah ich schon von Weitem in der flachen Ebene der Tanezrouft einen Stein, der größer war als all die Quarzkiesel dort. Ich verliebte mich sofort in diesen braunen Stein, der so groß wie ein Fußball ist. »Wenn ich dich mitnehmen soll, musst du dich leicht machen«, sagte ich zu dem Stein. Ich hob ihn auf. Er war schwer. Sehr schwer. Als ich am Flughafen vor dem Heimflug das Gepäck aufgab, musste ich mit dem Fuß die Waage etwas anheben, um die zwanzig Kilo einzuhalten, die ich haben durfte. In Paris musste ich umsteigen. Da im Flugzeug von Paris nach München irgendein hoher französischer General mitflog, durfte das Gepäck aus Afrika nicht mit, vorsichtshalber. Es kam mit dem nächsten Flug und wurde mir nach Hause gebracht. Der Mann von Lufthansa schleppte die Tasche die Treppe hoch. »Die ist ja so schwer, als wären lauter Steine drin«, stöhnte er. »Da sind lauter Steine drin«, sagte ich.
Aus der Türkei hätte ich diese Steine nicht mitbringen dürfen. Da wurde ein

Mann verhaftet und zu einer Gefängnisstrafe verurteilt, weil er zwei Steine aufgehoben und mitgenommen hatte, die sich als steinzeitliche Klingen herausstellten. Ich freue mich immer, wenn Menschen ihre Steine so hüten. Da war zum Beispiel diese bretonische Bäuerin. Ihr Gartentor wurde von einem Stein aufgehalten. Ich bückte mich zu dem Stein, ein besonders schöner Schalenstein, und berührte ihn. »Ne touchez pas!«, rief sie streng. Wir kamen dann noch ins Gespräch. Die Liebe zu Steinen verband uns.

Einmal an Lichtmess kam ich von einem Aufenthalt in den Bergen zurück, wo ich auf einer Hütte ein paar Tage geträumt und geschrieben hatte. Es gab damals noch eine Grenze zwischen Österreich und Deutschland, die recht streng überwacht wurde. Ich musste den Kofferraum öffnen. Der Zöllner schüttelte erstaunt den Kopf: So viele Steine und nur eine Unterhose!

Eine meiner Lieblingsgeschichten mit einem Stein handelt von einem großen schweren hellen nicht besonders attraktiven Stein, jedenfalls wenn man ihn nicht mit den Augen der Liebe betrachtet. Ich war in Basel zu einer Lesung eingeladen und ging vorher ein wenig spazieren. An einer umzäunten Baugrube blieb ich stehen, irgendetwas schien mich zu rufen. Angestrengt schaute ich in dieses Loch, in dem Arbeiter eine Verschalung für Beton aufbauten. Da sah ich den Stein, so groß wie ein Kinderkopf, aber flach. Ich konnte deutlich das Profil eines Kindergesichts sehen. Es dauerte eine Weile, bis mir erlaubt wurde, diesen Stein mitzunehmen, hinein durfte ich nicht, ein Arbeiter brachte mir nach langem Hin und Her – Ist es der? Nein, der mit dem Kindergesicht! Welcher denn? Da ist kein Gesicht! usw. – den gewünschten Stein. Ich schleppte ihn mit zur Lesung, mit nach Hause, er überdauerte zwei Umzüge und steht jetzt am Fuß meines Sofas. Wie jemand das Kindergesicht nicht erkennen kann, ist mir wirklich ein Rätsel. Ich liebe diesen Stein, berühre ihn gern und oft und wenn ich die Geschichte erzähle, sehe ich ein Aufleuchten in manchen Augen, Nicken, Lachen – ja, viele kennen dieses Gefühl: Der Stein will mit. Muss mit.

Steine sind unser Leben, unsere Geschichte. Hobbygeologen, spirituelle Frauen, Väter mit Söhnen, SteinliebhaberInnen ziehen in die Steinbrüche, um womöglich den sensationellen Fund einer seltenen Versteinerung zu machen. Viele Menschen begeistern sich für das versteinerte Leben, das in Kalkstein, Schiefer, Feuerstein und anderen geologischen Steinformen zu finden ist. Fossilien ziehen

eher Männer als Frauen an, meine Freundinnen erklären das so: Frauen stehen eben mehr auf das Lebendige. Lebendiger als in einer Versteinerung kann Erdgeschichte jedoch kaum auftauchen. Es braucht keine Worte, keine Erklärungen, da ist das Tier, das wir nie gesehen haben, die seit Jahrmillionen nicht mehr existierende Pflanze. So vollkommen und schön wie zu der Zeit, als sie noch lebten. Blüten, Blätter, Fische, Insekten, Dinosaurier aller Art – im Stein blieben sie bewahrt. Es gibt natürlich auch unspektakuläre Versteinerungen, doch auch sie enthalten dieses alte, nicht mehr existierende Leben und damit das Wissen über die Geschichte der Erde. Steinerne Wälder kann man in Arizona in den USA sehen, die Landschaft schimmert in allen Farben von versteinertem Holz und Pflanzen. In diesem Archiv der Erde finden sich längst ausgestorbene Tier- und Pflanzenarten, die uns eine Menge über das Leben und Sterben unseres Planeten erzählen.

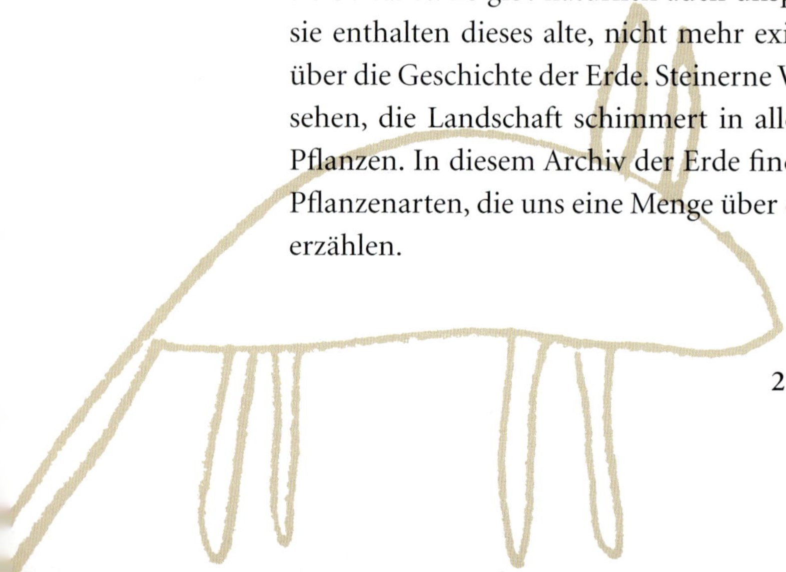

»Darf ich denn den Stein überhaupt da wegnehmen? Mit nach Hause nehmen?«, fragte einmal eine Kursteilnehmerin, die nach einem Ritual einen Stein fand. Wir lachten. Der Stein war groß, schwer, allein die Energie, die zwischen der Frau und dem Stein entstand, rechtfertigte die Mühsal, darüber überhaupt nachzudenken. »Schau ihn dir an«, sagte ich. »Er ist groß und schwer, er hat Jahrmillionen gewartet, bis ihn eine erhört. Du hast seine Botschaft wahrgenommen. Enttäusche ihn nicht mit vernünftigen Überlegungen.« Die Frau hat den Stein heute noch.

Manchmal folge ich einer Anzeige in der Lokalzeitung und besuche einen Steinsammler. Es geht fast immer hinunter in den Keller. Manche haben dort unten Vitrinen, in denen ihre Schätze ruhen. Manche verwahren die Kostbarkeiten eingepackt in Küchentüchern in Schachteln und Kisten. Doch alle bekommen dieses besondere Leuchten, wenn sie von ihren Steinen sprechen.

Einmal besuchte ich einen Steinsammler in der Nähe von Starnberg, der Kristal-

le verkaufen wollte. Als ich das Haus sah, wollte ich umkehren, es war ziemlich heruntergekommen. Es kam mir in den Sinn, dass dieser Mann die Anzeige vielleicht nur aufgegeben hatte, um Frauen in seinen Keller zu locken. Doch dann musste ich lachen. Wenn Steine zum Verkauf geboten werden, kommen selten Frauen. Das Sammeln, Ordnen, Beschreiben und Verwahren von Steinen scheint eher eine Leidenschaft von Männern zu sein. Auf Mineralienmessen stehen diese Männer dann gern um Tapetentische herum und diskutieren über einen Rutil oder eine seltene Erzknolle.

Ich klingelte und schlurfende Schritte näherten sich der Tür. Ein gebeugter älterer Mann öffnete sie. »Ich komme wegen der Kristalle«, sagte ich.

»Ja, meine Kristalle«, meinte er geistesabwesend.

Seine Lieblinge hielt er in Glasvitrinen in einem dunklen Kellerraum. Als er das Licht einschaltete, leuchtete es aus allen Ecken. Ich war fasziniert. Am meisten vielleicht vom verzückten Blick des Mannes.

»Warum verkaufen Sie sie?«
»Ach ja, meine Frau sagt, der Keller muss jetzt endlich geräumt werden!«
Wer Steine nicht liebt, sieht nur den Staub, den sie sammeln.
Frauen scheinen eher die kleinen Steine zu lieben, die sich in Taschen und auf Nachtkästchen wohlfühlen, die gern neben einer Kerze oder einem Ölverdampfer liegen oder der Sage nach die Strahlen eines Computers neutralisieren können. Mich ziehen oft sehr große schwere Steine an, die in Wohnungen eher keinen Platz haben. Ich hatte einmal einen unglaublich schweren Stein, der aussah wie ein Frauenkörper, von der Ammer, einem Flüsschen bei Oberammergau, mit nach Hause gebracht. Um ihn in den ersten Stock zu schleppen, brauchte ich die Hilfe eines Nachbarn. Jahrelang lebte ich mit dem wunderbaren Stein, den allerdings kaum jemand als etwas Besonderes wahrnahm. Dann zog ich um aufs Land. Ich begann, die Steine in den Hinterhof zu legen, denn ich konnte nicht alle mitnehmen. Den Frauenstein wollte ich allerdings mit umziehen und am neuen Ort in den Garten legen. Ich brachte ihn mühevoll hinunter. Am nächsten Morgen war er weg. Für mich ein Zeichen, dass Steine sich die Menschen und die Orte aussuchen, bei denen sie leben wollen ...

Geschichten von Reisen sind in meinem Leben immer auch Geschichten von Steinen, die meinen Weg kreuzen oder sich mir in den Weg legen.
Ich bin auf dem Weg zu einem kleinen Ort im Alentejo namens Arraiolos. In alten archäologischen Aufzeichnungen steht, dass irgendwo dort eine Megalithanlage, also ein Bauwerk aus großen Steinen, vor rund sechstausend Jahren religiösen, sozialen und kultischen Zielen gewidmet wurde. Auf den ersten Blick sehe ich um Arraiolos herum nur Wiesen und Felder, ordentlich hinter stabilen Zäunen verpackt. Eine Megalithanlage kann ich nicht entdecken. Ich frage an der Tankstelle nach einem »Kulthügel«. Der Tankwart deutet stolz auf den Hügel unmittelbar vor der mittelalterlichen Stadt mit Burg und weißen Häusern. Auf diesem Hügel stehen vier mächtige Mobilfunkantennen. Nach einem spontanen Lachanfall komme ich ins Grübeln. Warum eigentlich bedeutet mir ein steinernes Monument aus uralten Zeiten mehr als eine Mobilfunkanlage? Immerhin besitze ich zwei Mobiltelefone und mehrere Laptops, habe zu Hause Internet-

anschluss und bin auch auf Reisen immer gern in der Nähe von Cybercafés, Hotspots, WLAN-Zugängen. Ein Leben ohne Internetzugang und ohne Telefon ist mir schon gar nicht mehr vorstellbar, dennoch zieht es mich kein bisschen zu Mobilfunkantennen.

Steine dagegen erregen in jeder Größe und Form meine Aufmerksamkeit. Das war schon in meiner Kindheit so. Auf dem Weg zum Kindergarten mussten wir an einem Spielzeuggeschäft vorbei, in dessen Schaufenster die wunderschönsten Puppen ausgestellt waren. Ich wollte so gern eine dieser Puppen haben, doch wir waren arm und hatten das Geld dafür nicht. Eines Tages stand mein Entschluss fest: Ich würde meine schönsten Steine für eine Puppe opfern. Ich betrat den Laden und legte die Steine auf den Verkaufstisch. Der alte Herr Hagen wischte mit einer verächtlichen Geste die Steine von der Platte auf den Boden.

»Wenn du eine Puppe willst«, sagte er kühl, »dann kommst du mit Geld wieder.«

Ich war fassungslos. Und ich gestehe, dass es mir ein Gefühl des Triumphes gibt, wenn ich daran denke, dass ich mit den Steinen, die ich heute habe, viele Puppen kaufen könnte.

Der Kindergarten, in den meine Schwester und ich gingen, wurde von strengen Nonnen geführt. Wir waren sehr unglücklich dort. Einmal lief ich einfach weg, in den »Dobel«, den Wald, hinter dem Kindergarten und versteckte mich. Zwar hörte ich, dass ich gesucht, dass mein Name gerufen wurde, doch dachte ich gar nicht daran, aus meinem Versteck hervorzukommen. Dann rief niemand mehr und ich bekam doch ein wenig Angst. Da bemerkte ich in meiner unmittelbaren Nähe einen Feldstein. Ich legte meine Hände auf ihn und fühlte mich sofort wohl und geborgen. Als es dunkel wurde, stand ich auf und verließ den Wald. Eine Frau, die anscheinend wusste, wer meine Mutter war, brachte mich nach Hause.

Vor einigen Jahren ging ich wieder zu diesem kleinen Wald, den es noch gibt, zu dem Platz, an dem ich mich versteckt hatte – da lag der Stein, ich könnte schwören, es war der Stein von damals. Ich berührte ihn, fühlte mich wohl und geborgen. Vielleicht wurzelt in diesem fast familiären Gefühl meine Zuneigung zu Steinen.

Doch erklärt das natürlich nicht, warum so viele Menschen Steine lieben, die keine solchen Erlebnisse hatten. Menschen tragen so genannte Handschmeichler in Handtaschen und Hosentaschen, reihen Steine auf dem Fensterbrett auf, legen Steine in bestimmten Anordnungen in den Garten, errichten Steinpyramiden und Steinmännchen, die bei rationaler Betrachtung keine wegweisende Funktion haben oder Orientierungshilfen sind. Womöglich trifft ja die Überzeugung der Yoruba Westafrikas zu, dass ein Stein und eine Frau die ersten Menschen erschufen und dass daher die innige Beziehung der Menschen zu Steinen herrührt.

DIE SPUR DER STEINE

Stille Zeugen der menschlichen Geschichte

Bevor auf der Weltenbühne Götter und Supermänner auftraten, orientierten sich die Menschen an der Frau, an der Göttin, an der Urmutter. Zahllose Darstellungen in Felshöhlen, auf kleinen bearbeiteten Steinen, geschnitzt in Kalkstein, Sandstein, Elfenbein, Knochen und Feuerstein belegen, dass die weibliche Kraft zum Schutz, zur Freude, zur Lust, zur Heilung und zur Begleitung ins Leben und in den Tod über alles geschätzt wurde. Die bisher älteste menschliche Darstellung, die so genannte Venus vom Hohlefels (ca. fünfundvierzigtausend Jahre alt) beweist das ebenso wie die kleine Kalksteingöttin Venus von Willendorf (ca. fünfzehntausend Jahre alt) und die zahllosen Idole aus Sardinien, Anatolien, Korsika, Griechenland, dem Indusdelta, dem alten Amerika, Japan, China, Mittelamerika oder der Iberischen Halbinsel, dem Dordognegebiet, der Bretagne, den Britischen Inseln und Nordeuropa.

Wie irgendjemand auf die Idee kommen konnte, dass Seefahrer wie Christopher Kolumbus, Vasco da Gama, Amerigo Vespucci oder Marco Polo irgendetwas auf dieser Erde »entdeckt« haben könnten, ist nicht wirklich nachvollziehbar. Seit es Menschen gibt, gibt es auch ihre Wanderwege. Erst mit Beginn der Sesshaftigkeit vor einigen tausend Jahren wird Wanderung, Reisen, Entdecken eine Besonderheit. Ein Witz

illustriert das Problem der Entdeckung so: Am Meeresstrand von Jamaica stehen die Ureinwohner und starren hinaus aufs Meer. Ein Schiff taucht auf. Sagt ein Einwohner zum anderen: »Verdammt, wir sind entdeckt!«

Mit dieser »Entdeckung« ist wohl eher Unterwerfung und Kolonisierung gemeint, denn entdeckt war Amerika, waren die »westindischen« Inseln – Kolumbus hielt sie für Indien – Asien und Melanesien schon seit Urzeiten von umherziehenden Klans, von HändlerInnen, von SeefahrerInnen.

Vom afrikanischen Graben in Ostafrika machten sich die so genannten modernen Menschen, die Homo sapiens, auf den Weg. Dort, wo sie lebten, war es wahrscheinlich ganz schön, aber auch heiß und gefährlich. Wilde Tiere engten ihnen den Lebensraum ein, ganz zu schweigen von den Kleinlebewesen, Insekten, Ameisen, Parasiten.

Wenn mich nicht alles täuscht, dann waren die Ur-Frauen nicht so anders als wir heutigen Frauen: Sie wollten gern kommunizieren, singen, tanzen, mit Wesen der anderen Ebenen in Kontakt sein, gut riechen, sich schmücken, ihren Lebensraum schön gestalten und ihren Nachwuchs so stressfrei wie möglich aufwachsen lassen. Vielleicht wollten sie in kühlere Gegenden gelangen oder sie dachten: Wir wollen uns mal kundig machen, wo wir hier gelandet sind und was es hier so alles gibt. Dafür gibt es übrigens einige Zeugnisse archäologischer Ausgrabungen: Überall auf der Welt finden sich seit rund hunderttausend Jahren Muschelketten, Steinperlen, Bernsteinperlen, durchbohrte Korallen, aus Gagat (verstei-

nerte Kohle, im Englischen »Jet« genannt) geschnitzte Frauenidole, ebenso aus Knochen, Elfenbein und Stein mit Ösen zum Tragen. Auch so harte Materialien wie Kristalle und Jade wurden bearbeitet. Im französischen Nationalmuseum der Frühzeit in Les Eyzies steht zum Beispiel eine Kultklinge aus Kristall aus der Altsteinzeit.

Auf den verschiedenen Wanderrouten unserer VorfahrInnen tauchen immer wieder jahrtausendealte Steinskulpturen und Schmuckperlen aus Achat, Karneol, Feuerstein, Kalkstein auf. Aus Bernstein schnitzten sie Tiere, die sie besonders verehrten, und immer wieder Frauenfiguren. Es war wohl in alten Zeiten so, dass die Kraft der Frauen Schutz für den Klan, Unterstützung für Geburten, magische Hilfe für Reisen darstellte.

In Ausstellungen und Katalogen werden die Schmuckherstellung und sogar das Tragen von Schmucksteinen dem Mann zugeordnet. Doch bin ich davon überzeugt, dass es seit Anfang der menschlichen Geschichte Frauen sind, die Kunstgegenstände und Schmuck herstellten. Wie sollten es Männer gewesen sein? Den Historikern zufolge liefen sie keulenschwingend durch die Gegend und hatten gar keine Zeit, diese feinen Schmuckperlen in langer Feinarbeit zu durchbohren, Faserschnüre zu zwirbeln und Steine daran zu befestigen. So macht es mehr Sinn, die Gesellschaft der Ur-Ahninnen als Gemeinschaft der Frauen mit wenigen Männern zu sehen. Die Frauen wussten sich besser zu unterhalten als Krieg zu führen. Sie ritzten Muster in Steine, bemalten sie mit Ocker, stellten Nadeln und Klingen her und immer wieder schnitzten sie Tier- und Frauenfiguren, die sie, wie wir aus Fundzusammenhängen in Lepenski Vir an der Donau, in Catalhöyük in Anatolien oder auf der Schwäbischen Alb wissen. Sie werden, wie die tibetischen Frauen heute, Ocker und Kalkstein zerstoßen und Gesicht und Haut damit eingerieben haben – gegen Parasiten und als Schutz vor der Sonne. Den Toten gaben sie Steinamulette und Perlen mit. Da diese Gegenstände viel Arbeitsaufwand erforderten, können wir davon ausgehen, dass die Toten für sie wichtig waren, dass sie ihren Weg in die andere Welt, so prächtig ausgestattet wie möglich, gestalten wollten. Die Frauen regelten die Angelegenheiten sowohl im Leben wie im Tod. Steine waren und sind bis heute dabei ihre Helferwesen.

Die Menschen wanderten, entdeckten neue Orte, Pflanzen, Tiere und Steine. Sie wanderten weiter, erinnerten sich an Orte, die sie schon besucht, an denen sie gelebt hatten, kehrten dorthin zurück, womöglich auch, um sich etwas zu holen, was sie für ihr Leben brauchten, was sie schön fanden. Denn dass das Leben unserer UrahnInnen nicht nur auf Überleben ausgerichtet war, zeigt die Kunst der Eiszeit, die aufwendig und als Überlebensstrategie nicht notwendig war – sieht man davon ab, dass spirituelle Zusammenhänge natürlich auch heute lebenswichtige Kraft bedeuten. Es ging also nicht nur darum, Nahrung zu beschaffen, sondern z. B. auch Farbpulver zum Malen, Steine und andere Materialien, die durchbohrt werden konnten, die besonders schön waren.

Wenn ich heute Feuersteine suche, werde ich mich in Bayern eher schwertun. Dagegen ist Hamburg, genau wie London oder Paris, eine Stadt, die auf Feuerstein gebaut ist. Überall liegen die schönsten kleinen und großen Feuersteinknollen, viele sind durchlöchert – ideal für ein Amulett. Die Menschen der Steinzeit kamen herum. Es wird ihnen nicht entgangen sein, dass man Jade in China, Karneol und Koralle in Afrika, Bernstein in Nordeuropa, vor allem an Meeresstränden,

Lapislazuli und Türkis in den Vorbergen des Himalaya und in Amerika fand. Und tatsächlich rätseln ArchäologInnen heute, wie Lapislazuli aus dem heutigen Afghanistan nach Deutschland, wie Koralle aus Afrika nach Tibet oder Bernstein aus der Ostsee nach Afrika kamen. Es gibt nur eine Erklärung: Die Menschen wanderten, fanden – suchten vielleicht auch – Steine, tauschten sie. Bis heute gibt es in Afrika Geldketten, die aus Bernstein oder Koralle bestehen.

Schon in der Jungsteinzeit, also vor etwa siebentausend Jahren, wurden in Indien, in Kleinasien und in Tibet Karneolperlen »geätzt«, das heißt mit weißen Linien versehen, die sich in den Stein eingraben. Wie das gemacht wurde, welches Ätzmittel benutzt wurde, ist bis heute ein Rätsel. Weltweit setzte sich bald die Vorstellung durch, dass Karneole schützende Kraft haben, dass Koralle, Lapislazuli, Jade, Chalzedon und Türkis heilen und schützen können. Schmuckperlen aus steinzeitlichen Ausgrabungen zeigen, dass diese Perlen in Wohnstätten, aber auch in Gräbern ihre helfende Wirkung entfalten sollten.

In der Jungsteinzeit wurde es offenbar extrem wichtig, die Toten zu schützen. Vor Übergriffen? Vor Geistern? Vor Räubern? Jedenfalls tauchen in dieser Zeit Grabanlagen aus riesigen Steinen auf, die so genannten Megalithanlagen. Auch Kulträume, Versammlungsräume und heilige Orte wurden aus großen Steinen gebaut. Offenbar wurden Steine als dauerhafter Schutz und Zeugnis immenser Kräfte eingeschätzt, sonst hätten die Menschen sich nicht die Mühe gemacht, wie in Stonehenge in England oder in der Kultanlage Zambujero bei Évora in Portugal riesige Steinquader von rund sechs Meter Höhe, viele Tonnen schwer, von weit her zu einem besonderen Ort zu schaffen und dort aufzustellen. Hunderte von steinernen Idolen, Gaben an die große Göttin, wurden in Zambujero in der großen runden Kammer gefunden. Steine dienten hier als

Schutz, vielleicht auch als Anbetung und Verehrung. Sie waren kostbare Gaben, die ewig halten sollten. Sie mögen ewig halten – doch wo sind sie?
Ein besonders mysteriöser Stein wurde im türkischen Bogazkale, etwa einhundertfünfzig Kilometer von der Hauptstadt Ankara entfernt, gefunden. Dort befand sich vor rund viertausend Jahren die hethitische Hauptstadt Hattusa. Wir wissen von den Hethitern, dass Steine für sie große spirituelle Bedeutung hatten, von Kultsteinen, gravierten Steinen bis zu Kieselsteinritualen sind viele hethitische Kulte und Rituale überliefert. Dieser grüne Stein ist das Zentrum einer Steinanlage. Ein grüner Nephrit, also eine Art Jadestein, ein Monolith, ragt aus der Erde, grünglänzend und geheimnisvoll. Bisher wurde die Bedeutung dieses Steins nicht enthüllt, doch ranken sich viele Mythen um ihn. Manche sagen, wer ihn berührt, soll gesund werden. Andere wieder sprechen ihm magische Fähigkeiten zu

und vermuten, dass Ereignisse ausgelöst oder gewandelt werden können. Auch ein mysteriöses Steinritual wurde an diesem Ort zelebriert, wie der Text einer Tontafel beschreibt. Demnach sollten mit Einsatz von Steinen die Kräfte der unterirdischen Wesen angerufen und diese zu Hilfe gebeten worden sein.

Dass Steine und unterirdische Völker eine starke Verbindung haben, ist auch in europäischen Mythen ein Thema. Zwerge und Erze, kostbare Steine, Schätze aus der Erde sind ja in den Sagen untrennbar verbunden.

Die Steine waren und bleiben die zuverlässigen Begleiter und Beschützer der Menschen. Sie sind dauerhaft, sie stehen noch, wenn alle Menschen tot sind, wenn die Pflanzen verdorren und die Tiere weiterziehen. Steinperlen, Steingöttinnen, Vulvaformen aus Stein – bis ins Grab sollten mächtige Steinamulette und Kultsteine die Menschen behüten und beschützen.

Bei den Yoruba in Afrika gibt es, wie schon erwähnt, den Mythos, dass das Menschengeschlecht aus einem Stein und einer Frau hervorging. Bei Ausgrabungen finden sich immer mehr Grabbeigaben, Figuren, Schalen aus Sandstein, Kalkstein und aus härteren Steinen. Während Archäologen noch glauben, dass die frühen Menschen harte Steine gar nicht bearbeiten konnten, dass Neandertaler gar keine Kunstwerke hinterlassen haben, werden sie schon durch neue Funde eines Besseren belehrt. So fand man in den Pyrenäen in Nordspanien jetzt Felsmalereien, die mit großer Wahrscheinlichkeit von Neandertalern stammen und wohl vor über vierzigtausend Jahren entstanden sind.
Wer sich schon einmal in Steppen und im Gestrüpp südlicher Länder aufgehalten hat, wird bemerkt haben, dass viel unangenehmer, ja gefährlicher als die großen Tiere, die man ja kommen sieht, die kleinen und winzigen sind. Sie können, obwohl mikroskopisch klein, durchaus auch tödliche Gefahren mit sich bringen, wie Bakterien, Viren, kleine Parasiten und natürlich auch Insekten, Spinnen, Milben, Zecken, Egel usw. Das scheint mir ein wichtiger Grund zu sein, warum sich unsere steinzeitlichen VorfahrInnen gern auf Steinen, in Steinkammern, in steinernen Anlagen aufhielten. Die sind schnell saubergefegt und man hat seine Ruhe vor all diesen Wesen – den großen natürlich auch.
Womöglich wollte man auch die Toten vor den Tieren schützen? Da könnte dann auch das Geflecht, das die Venus von Willendorf um den Kopf herum trägt, ein Kopfputz aus Perlenschnüren sein. Einen solchen tragen Frauen in Afrika bis heute, um Insekten abzuwehren.

Die Entwicklung vom nomadischen Leben hin zur Sesshaftigkeit muss nach der jahrtausendelangen Wanderung der Menschen auf der Suche nach Nahrung und Obdach eine große Erleichterung gewesen sein: endlich an einem Ort zu bleiben, den zu hegen und zu schmücken, Wildgemüse anzubauen und zu vermehren.
In Catalhöyük im türkischen Anatolien stießen die ForscherInnen auf immer noch ältere Schichten von Besiedlung. Die Frauen dekorierten ihre Wände mit Ockermalereien von Stieren, Geiern und Frauen. Kalksteinfiguren der Leopardengöttin und anderer Göttinnen fanden sich in den Getreidespeichern und an den Herdstellen. Sesshaftigkeit brachte Freizeit und mehr Möglichkeit, den Le-

bensraum zu verschönern, Steine zu bearbeiten, Schmuck herzustellen und Heiligtümer zu errichten.

An den vielen Routen der Seidenstraße von Europa über Kleinasien nach Indien und China werden immer mehr jahrtausendealte Siedlungen ausgegraben, in denen sich nicht nur Frauenstatuetten, sondern auch Schmuckperlen aus Jade, weißer Koralle, Bernstein und Karneol finden. Nachdem die Menschen sich vom afrikanischen Graben aus auf den Weg gemacht hatten, blieben sie in Bewegung und hatten deshalb auf ganz natürliche Weise Zugang zu den Materialien, die sie unterwegs vorfanden. Erst mit der Sesshaftigkeit setzt Handel ein. Denn jetzt müssen die Menschen, die nicht mehr selbst unterwegs sind, all die Dinge kaufen, die sie in ihrer Umgebung nicht vorfinden. So können zum Beispiel selbst hergestellte Stoffe aus Pflanzenfasern gegen Schmuckperlen aus Asien oder Afrika getauscht werden. Sesshaftigkeit braucht einen gewissen Wohlstand, um zu funktionieren. Die Behausungen müssen erhalten werden. Das Leben ist langweiliger, Schmuck, Unterhaltung, Statussymbole sind jetzt wichtiger denn je. Und wo Besitz ist, tauchen Räuber auf. Jetzt werden die kostbaren Dinge verteidigt, wir sind in der Welt der Eigentümer angekommen. Die letzten sechstausend Jahre etwa hatte die Menschheit am meisten damit zu tun, Besitz einzunehmen, zu mehren, zu verteidigen.

Die Sesshaftigkeit war sicher eine große Erleichterung. Man musste nicht mehr alles zusammenpacken und weiterziehen, konnte die Behausungen schmücken, wie man in Catalhöyük gut sehen kann, da sind die Wände der wabenartig angeordneten Stein- und Lehmhäuser mit Stieren und Göttinnen bemalt, Göttinnenfiguren aus Speckstein, Alabaster und Ton beschützten die Feuerstelle und die Menschen. Die Toten wurden auf die Hausdächer gelegt, wo sie von Geiern sauber abgefressen wurden. Die Gebeine der Frauen und Kinder wurden dann unter der Herdstelle begraben. Männer wurden außerhalb der Siedlung beigesetzt. Entgegen der Vorstellung, Männer hätten etwa für die Frauen und Kinder gejagt und Fleisch nach Hause gebracht, zeigen neuere Untersuchungen von Zähnen, Geweberesten usw., dass Frauen und Kinder hauptsächlich Getreide und Gemüse gegessen haben müssen und Männer für sich selbst Fleisch erjagten. Auch ein anderes Detail kommt durch diese neuen Untersuchungen ans Licht:

Getreide wurde mit Mahlsteinen auf Steinplatten zerrieben, da blieben kleine Steinreste im Mehl, die den Zähnen zusetzten. So wissen wir heute, dass die Steinzeitmenschen schreckliche Zahnschmerzen gehabt haben müssen.

Besitz ist kostbar. Wer Besitz hat, wird irgendwann angegriffen, wenn zu viele andere keinen Besitz haben oder Lust auf fremdes Hab und Gut, auf Haus, Schmuck usw. bekommen. Die Männer haben offenbar zu Beginn der Bronzezeit, als sie lernten, Waffen zu schmieden und richtige Kriege zu führen, den Spieß umgedreht. Es dauerte nicht lang, da wurden Frauen und Kinder zum Besitz von Männern, denn sie waren ja die Garantie zum Erhalt des Familienwohlstands. Sie gebaren den Nachwuchs, der die Erbfolge nun sichern würde.

Damit beginnt langsam die offizielle »Geschichte«. Denn bis heute gilt: Steinzeit ist Vorgeschichte, Höhlenkunst – Vorgeschichte, die Zeit der starken Frauen – Vorgeschichte.

Die seltsame Deutungsblindheit vieler Archäologen lässt sich mit einem Beispiel ganz gut erläutern: Nehmen wir an, die Bundeskanzlerin Merkel steht mit der Sozialministerin von der Leyen und der Familienministerin Schröder zusammen, um etwas zu besprechen. Der Hausmeister findet eine Damen-Rolex und geht auf die Frauen zu, um zu fragen, ob diese Uhr einer von ihnen gehört. In diesem Augenblick verschüttet ein Erdbeben den Bundestag, den Hausmeister, die Kanzlerin und die zwei Ministerinnen. Durch den Druck von Erde, Steinen und Hitze werden alle konserviert. In fünftausend Jahren graben Archäologen alles aus. Wenn ihre Deutung der heutigen Archäologen gleicht, dann kommen sie zu folgendem Schluss: Ein hochgestellter Mann, wahrscheinlich ein Fürst, wurde mit seinem Statussymbol (Rolex) begraben. Drei Frauen wurden mit ihm zusammen geopfert.

Doch egal, wie viele Kämpfe und Kriege auf der Welt geführt wurden, immer waren da einzigartige Felsen, Findlinge, natürliche Felsformationen und errichtete Felskammern, Felsengräber, Steinkreise und Grabanlagen, die von den Menschen gestaltet, verehrt und in Ritualen belebt wurden. Steine, Felsen, Megalithanlagen sind die stummen Zeugen der menschlichen Irrungen und Wirrungen. Sie überdauerten Kriege, Krankheiten, Raubzüge. Während die kleinen, die kostbaren, die Schmuck- und Geldsteine als Zahlungsmittel durch die ganze Welt getragen wurden, bleiben die großen Steine als Erinnerung an frühere Kulturen in der Landschaft und verbinden sich mit den himmlischen Ereignissen, mit Sonne und Mond, mit Sternbildern, Sonnwenden und Vollmondaufgängen. Die Steine sind im Grunde die Navigationskarten durch die menschliche Geschichte.
Welche Steine wann verehrt und besonders hoch eingeschätzt wurden, welche Steine zu Amuletten und Kraftgegenständen verarbeitet und welche zum Gedenken aufgestellt wurden, zeigt uns die Energie, mit der unsere VorfahrInnen ihr Leben bewältigten. Bis heute holen wir uns die Steine zu Hilfe, wenn wir Heilung suchen, wenn wir uns schmücken oder an Verstorbene erinnern wollen.
Wer heute nach Malta reisen und sich über die Insel informieren will, erfährt von Malteserorden, Kirchen, Stränden und Sprachkursen. Von den Tempeln und Steinheiligtümern der Großen Göttin, die wie ein Frauenleib gebaut sind, ist keine Rede mehr. Dabei widerlegen gerade die Tempel von Malta ein altes Klischee über Frauen, das sich hartnäckig hält: Frauen seien im Gegensatz zu Männern mehr gefühls- und bauchorientiert. Die Tempel von Malta und Gozo betritt man durch die Vulva und den Geburtskanal, der Hauptraum und die Seitenapsen entsprechen dem Bauch, den Eierstöcken, zwei weitere kleine Räume, die in vielen Tempeln angelegt sind, stellen die Brüste dar, doch das Allerheiligste, der Raum im Innersten des Tempels, entspricht dem Kopf, dem Hirn.
Kürzlich wurden in Zypern Gräber aus der Jungsteinzeit entdeckt, die Steinperlen und viele kleine Frauenfiguren enthielten. Die Frauenidole aus Stein waren bemalt und über Kreuz gelegt. Tausend Jahre vor den Ägyptern, also um 3500 vor unserer Zeitrechnung, pflegten die Menschen auf Zypern bereits einen ausgeprägten Totenkult. Die steinernen Rundhäuser, die bei den Gräbern gefunden wurden, waren offenbar Werkstätten für die Schmucksteinbearbeitung.

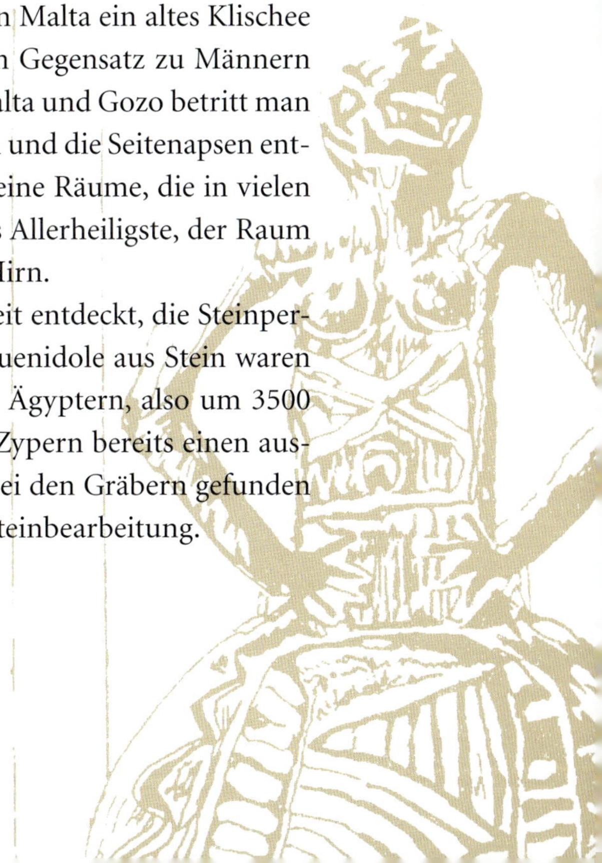

In Neuguinea gibt es heute noch ein Volk, die Huli im Bergland, die von sich sagen: Wir kommen von den Steinen. Steine werden hier besonders geschmückt, verehrt, beopfert, weil die Verwandtschaft zu den Steinen für das Wohlergehen des Volkes wichtig ist. Oft haben bemalte Steine ein eigenes Häuschen. In rituellen Umzügen werden die Steine durch die Menschensiedlung getragen mit der Bitte, sie zu beschützen.

Doch auch die Geschichte der Dinosaurier kommt jetzt langsam aus dem Stein hervor: Immer mehr Dinosaurierfunde vermelden die Archäologen aus der Grube Messel bei Frankfurt, einem Gebiet, das eine Mülldeponie werden sollte und sich als eine der interessantesten und reichhaltigsten Urgeschichtsdeponien entpuppt hat. Im Stein schlummert alles, was wir über unsere Erde und die Lebewesen auf ihr erfahren wollen.

UNECHTE STEINE

Wie gefälscht, geätzt, getrickst wird

Ich besuchte Freunde zum Essen. Auf der Terrasse lagen wunderschöne Steine. Ich ging hinaus und berührte einen – und erstarrte. Das war kein Stein, das war Styropor.

»Ist praktischer«, meinte der Hausherr. »Steine sind ja so schwer.«

Früher einmal dachte ich, Steine seien Steine. Heute weiß ich, es gibt fast keinen Stein, Feldstein, Halbedelstein, Edelstein, der nicht imitiert, gefälscht, gebrannt, in Öl erhitzt, gekocht, gefärbt oder synthetisch hergestellt werden kann. Tatsächlich ist es ja fast unmöglich, dass all die Steine, die angeboten werden, echt sind.

Verführerisch funkeln die »Edel«steine in der Auslage des Mineralienladens. Kräftiges Rubinrot, sattes Saphirblau, leuchtendes Smaragdgrün und funkelnde Diamantsterne gibt's auch. Sieht man sich die Steine näher an, kommt die traurige Wahrheit zutage: Alles Funkeln ist nur Flunkern.

In der Steinbranche wird gefärbt, geätzt, künstlich gezüchtet, gebrannt, erhitzt, gespritzt, was das Zeug hält. Der Run auf die Steine hat in den letzten Jahren eben stark zugenommen. Alle wollen Heilsteine, magische Steine, Schmucksteine, Kraftsteine. Was gewünscht wird, wird produziert. Und wenn's gar nicht gewünscht wird, dann wird das Bedürfnis eben erzeugt. Steine auflegen gegen Kopfschmerz, Bauchschmerz, Rückenprobleme ... Glückssteine, Heilsteine, Sorgensteine – die Gewinnspanne ist berückend. Gerade Frauen, die sehr spirituell eingestellt sind und gern den Esoterik-Laden ansteuern, um die Probleme des Lebens auf sanfte Weise zu lösen, fallen auf die Tricks der Esoterik-Industrie herein. Denn, ja, das muss gesagt werden, Esoterik ist kein Nischenthema, son-

dern das große Geld. Ein paar Körnchen Räucherwerk sind teuer wie Gold, ein einfacher kleiner Kristall, der sich auf einer Bergwanderung leicht finden lässt, kostet ein Vermögen, weil er als Heilstein deklariert wird. Das Salz muss aus Tibet kommen, koste es, was es wolle, denn wer will schon ordinäres Salz aus den Alpen? Langweilig! Keine Heilkraft! Doch so viel Salzsteine gibt es allerdings selbst in Tibet nicht. Dann färbt man eben Salzkristalle rosa ein, weil sich das besser verkauft. Kristalle aus Tirol sind nicht so attraktiv wie Kristalle aus Tibet. Alles muss überhaupt aus Tibet sein, außer den indianischen Mojisteinen, die dürfen von »indigenen Völkern Nordamerikas« kommen. Jade aus China ist auch sehr beliebt – und natürlich Koralle. Wären alle Korallen echt, die man kaufen kann, gäbe es im Meer wohl überhaupt keine lebenden Korallenbänke mehr.
Die Nachahmung besonders wertvoller Steine wie Diamant, Saphir, Rubin, Smaragd, Topas, Koralle, Lapislazuli, Türkis ist eine Spezialität chinesischer Steinfälscher. Mittlerweile sind die Methoden so raffiniert, dass selbst Fachleute ein Problem haben, sie als solche zu erkennen.

Bernstein, ursprünglich »Bören«-Stein, von börnen/brennen, weil er sich verbrennen lässt und wohlig nach Weihrauch riecht, ist so beliebt, dass Fachleute davon ausgehen, dass nur noch etwa zwanzig Prozent der im Handel angebotenen Steine natürlich und völlig unbearbeitet sind. Um die Fälschung von Bernstein zu entdecken, gibt es zwei gute Möglichkeiten: Wird Bernstein angebrannt, riecht er nach Harz, denn Bernstein ist ja fossiles Harz. Außerdem ist Bernstein

magnetisch. Reibt man ihn heftig und hält ein dünnes Papier an den Stein, zieht er das Papier an. Gerade Bernstein wird besonders gern gefälscht.

Da durchsichtiger Bernstein besonders wertvoll, weil besonders selten ist, werden die Rohsteine in Öl erhitzt und »geklart«. Damit der Stein nicht zu hell wird, kommt noch etwas Soße drüber, so wird er »antikisiert«. Auch komplett synthetische Bernsteine werden als »Saharabernstein« angeboten, gern auch in so genannten »Brotketten«. Die gab es früher in der Sahara wirklich. Sie waren Zahlungsmittel für die Tuareg. Während der großen Hungersnot in der Dürre der 1980er-Jahre verkauften viele Tuareg ihre Korallen- und Bernsteinketten und ersetzten sie später durch Kunstharzketten. Auch Kopal wird gern als Bernstein verkauft. Zwar ist Kopal eine natürliche Harzsubstanz, doch ist sie nicht so alt wie Bernstein. Etwas Methylalkohol aufgetropft, hinterlässt nach wenigen Minuten einen trüben Fleck. Bernstein kommt in gelben, roten, braunen, dunklen, schwarzen und sogar blauen Tönen in der Natur vor. Diese Farbtöne werden bei den Steinen im Handel jedoch meistens durch Aufbringen von gefärbtem Kunstharz erzeugt. Wer Bernsteinketten für kleine Kinder kaufen will, sollte das in jedem Fall in einem zuverlässigen Geschäft tun, das auch eine Garantie für Echtheit und Natürlichkeit gibt, denn gefärbte oder beklebte Steine können im Kindermund Schaden anrichten.

Die haarsträubendsten Fälschungen werden sicher mit Bergkristall gemacht. Glas wird so angeschliffen, dass es aussieht wie eine Kristallstufe mit Spitzen. Besonders die Esoterik-Fans werden abgezockt. Heilsteine, Wundersteine und dergleichen sind dann oft nichts weiter als Fensterglas oder Kristallglas. Ein einfacher Test ist das Ritzen. Glas mit der Härte fünf bis sechs wird von echtem Kristall, der die Mohshärte sieben hat, geritzt. Allerdings werden Kristalle mittlerweile ähnlich wie Diamanten so virtuos künstlich gezüchtet, dass nur ein Fachlabor mit Sicherheit Echtheit oder Fälschung durch aufwendige Prüfungen ermitteln kann. Achate werden gern stärker eingefärbt, um sie spektakulärer aussehen zu lassen. Das gilt auch für Lapislazuli und Türkis. Azurit und Malachitstaub, mit Kunststoff imprägniert, ergeben dann im Handel Lapis oder Türkis. Lapisvorkommen werden knapp, daher wird Lapis gern auch aus gefärbten Chalzedon, Sodalith oder Jaspis oder gleich als synthetisches Kunstharz hergestellt. Die Press-Lapis-Steine sind tiefblau mit Pyriteinschlüssen, was die Sache wieder etwas kompliziert macht. Denn echte Lapislazuli-Steine enthalten eben auch oft solche Pyriteinschlüsse.

Opale sollen die tiefen Geheimnisse ergründen und tiefgründige Energien erzeugen und sind deshalb bei Menschen, die ihre Spiritualität erkunden wollen, sehr beliebt. Da es nicht so viele echte Opale wie EsoterikerInnen gibt, wird auch hier hemmungslos gefälscht, gefärbt, synthetisch hergestellt, lackiert oder Glas mit Kügelchen und Splittern bestückt, um den funkelnden Effekt zu erzeugen. Der besonders bei spirituell interessierten Frauen beliebte Mondstein wird wegen der starken Nachfrage kurzerhand mit synthetischem Spinell gebranntem Amethyst oder ganz dreist mit bläulichem Kunststoff gefälscht. Unter Ringe mit »Mondstein« wird gern auch eine schimmernde Kunststoffunterlage unter einen Glasstein geklebt.

Auch der schwarze und dunkelblaue Obsidian ist oft nichts weiter als ein gefärbtes Schlackenglas. Echter Onyx ist mittlerweile so selten, dass die meisten »Onyxe« im Handel in Wirklichkeit gefärbte Chalzedone und Achate sind. Auch Serpentin wird gern als Onyx verkauft. Da er weich ist, kann er mit dem Messer geritzt und so erkannt werden. Die ebenfalls sehr beliebten dunklen Rauchquarze werden oft bestrahlt, um diese dunkle Farbe zu erreichen. Legt man einen Quarz in den Backofen und erhitzt ihn auf hundertfünfzig bis zweihundert Grad, verliert er die Farbe. Der natürliche Rauchquarz entfärbt erst bei dreihundert Grad. Das Problem bei diesem Test: Der Stein kann brechen.

Alle Steine, die in der Natur vorkommen, werden mittlerweile gefälscht, wenn es eine größere Nachfrage gibt, sogar Granat, der ja im Alpenraum gar nicht so selten ist. Sie werden mit Wachs belegt, als Doublette mit Glas unterlegt oder synthetisch hergestellt. Wenn ein synthetischer oder verfälschter Stein als Schmuckstein verarbeitet wird, ist das wahrscheinlich gar kein Problem.

Wer mit Steinen in Kontakt kommen will, wer den alten Puls der Steine fühlen und mit ihm schwingen will, sollte sich lieber einen Feldstein suchen, als mit einem gefälschten, gefärbten, gebrannten »Edel«-Stein zu experimentieren.Jade war zu allen Zeiten begehrter Schmuckstein und Wertobjekt, denn Jade, auch Nephrit genannt, ist ein sehr harter dauerhafter Stein. Auch jetzt steht Jade hoch im Kurs. Jadeobjekte, Ketten, Ringe, Pendel – das Angebot an Jade in allen Farben, vor allem aber in Grün und Weiß, ist überwältigend. Chlorit, Chalzedon, Prasem (afrikanische Jade), Serpentin (Edeljade), Glas (sibirische Jade), Grossulargranat (Transvaaljade) – mit fantasievollen Namen wird die Tatsache verschleiert, dass all diese Steine mit Jade nichts zu tun haben. Jade ist ein sehr harter Stein, der Name kommt von den spanischen Eroberern Südamerikas »pietra di ijada«, Stein der Leistengegend (Mohshärte sechs bis sieben). Eine andere Bezeichnung ist Nephrit, also »Nierenstein«, und deutet an, wofür dieser Stein verwendet wurde: zur Heilung von Nierenkrankheiten. Ein Härtetest kann die meisten Zweifel ausräumen, denn Jadeit, der oft mit Jade verwechselt wird, ist wesentlich weicher.

Auch Karneol ist überaus beliebt als Schmuck- und Heilstein. Er wird gern gefärbt, um die typische Farbe und das Karneol-Wolkenmuster zu erzeugen, gebrannter Chalzedon oder rötlich braunes Glas wird ebenfalls gern als Karneol verkauft. Findet man große Karneole im Handel, kann man fast sicher sein, dass es sich um eine Fälschung handelt, denn Karneole kommen nur in kleinen Knollen in der Natur vor.

Um die Echtheit und Natürlichkeit eines Steins zu prüfen, muss die Härte, die Dichte, die chemische Reaktion und gelegentlich auch die magnetische Eigenschaft herausgefunden werden. Das können Laien kaum machen.

In aufwendigen Versuchen haben Labors weltweit die Fälschung edler teurer Steine in Angriff genommen. »Es ist schon erstaunlich, was wir damals alles schon artifiziell herstellen konnten, da erkennt kaum noch der Fachmann den

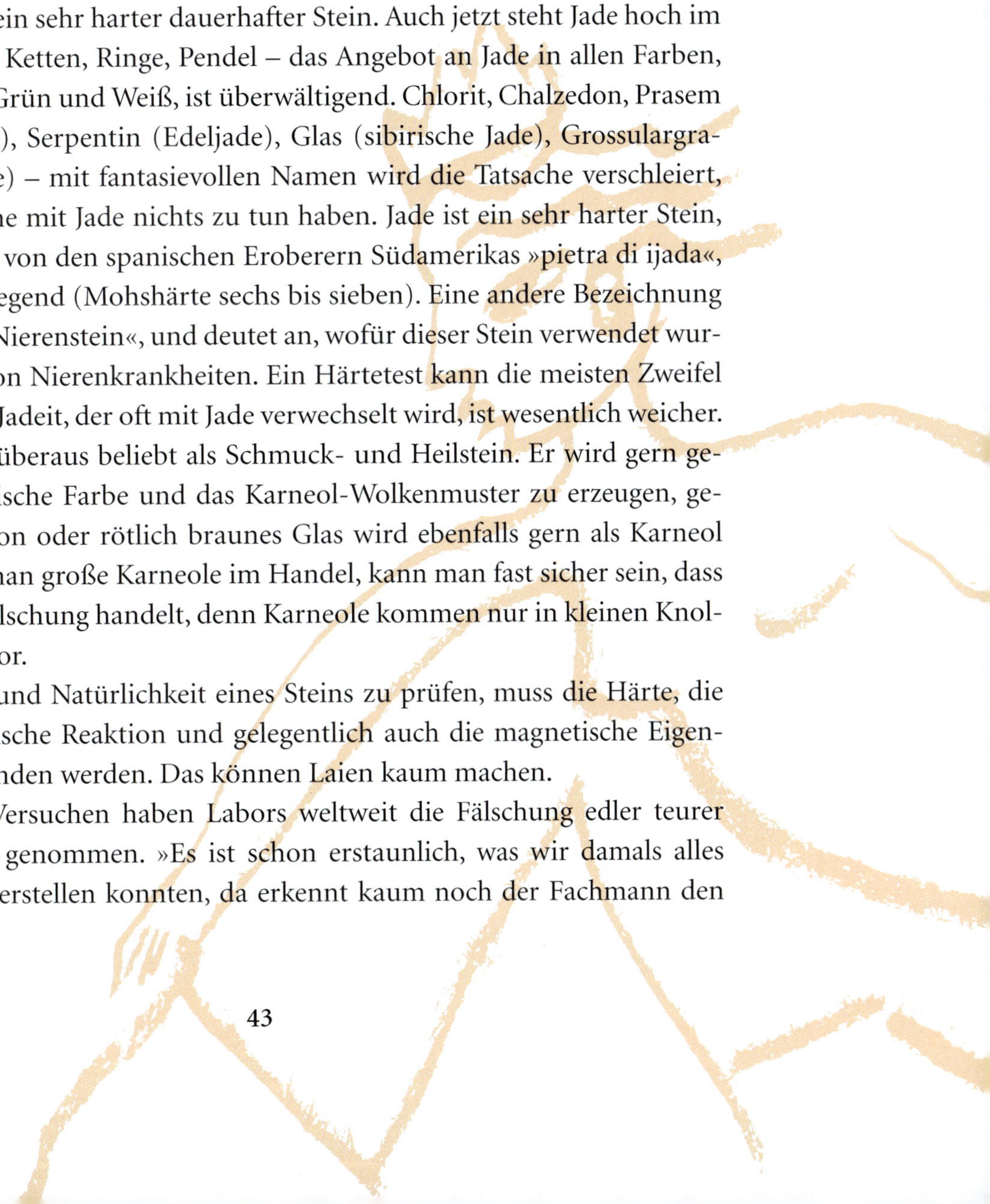

Unterschied zwischen einem echten Diamanten und dem künstlich gezüchteten, wir haben da Stücke produziert, neben denen Zirkonia wie eine Glasscherbe aussieht ...«, erzählte mir ein Professor für Geologie und Mineralogie auf der Mineralienmesse in München, der größten hierzulande, auf der eben auch Züchtungen, Fälschungen, Imitate wie warme Semmeln weggehen. Die SteinliebhaberInnen lassen sich schnell für ein spektakuläres Stück begeistern.

Auch mir passierte so ein Ausrutscher. Da war dieser Stand mit alten chinesischen Amuletten der Hong-Shan-Kultur, mit Korallen und Jadeobjekten. Diese Ansammlung von »antiken« Objekten war wunderschön anzusehen. Ich betrachtete alles genau, da ich Korallenfälschungen gut kenne. In Taipeh werden sie meisterhaft gefertigt, manchmal sogar unter Verwendung von Korallenstaub, manchmal einfach nur aus Glas, doch so raffiniert gemacht, dass man schon sehr genau hinsehen muss, um die Täuschung zu erkennen. Ich verfiel einem Amulettstein, »alte Koralle«, und bekam dafür einen teuren Lernprozess verpasst. Als ich mit der »Koralle« zu Hause war, fühlte sich dieser Stein einfach seltsam an. Er lag fremd in der Hand und ich konnte mich nicht einfühlen. Als ich mit der Lupe die Steinporen untersuchte, sah ich, wo die Farbe der roten Punkte verlief. Eingefärbter Quarz! Das kommt nicht selten vor. Quarz oder Kristall wird eben häufig gefärbt, um einen Edelstein vorzutäuschen.

Wie kam ich darauf, die Echtheit des Korallensteins anzuzweifeln? Er fühlte sich nicht »richtig« an. Er war zu perfekt, zu »schön«.

Warum ist es ein Problem, wenn ein Stein nicht echt ist? Es muss nicht unbedingt eins sein. Wenn der Stein nur schmücken soll, wird der Effekt ja auch durch synthetische Herstellung oder Behandlung erzielt. Wenn der Stein jedoch zum Energetisieren und Heilen gebraucht wird, ist ein selbst gefundener Feldstein, ein »unedler« Quarz oder ein nicht besonders wertvoller weil kleiner Kristall einfach besser, weil da die Kraft der Natur nicht manipuliert oder durch aufwendige chemische Behandlung ganz eliminiert wurde. Es lohnt sich also, auch wenn's weh tut, die Steine, die schon zu Hause liegen, von Fachleuten untersuchen zu lassen. Kostenlos und unkompliziert machen das die GeologInnen an Universitäten, die daraus gern auch eine Lehrstunde für StudentInnen machen und wiederholen, woran man einen echten von einem gefälschten Stein unterscheiden kann. Eine

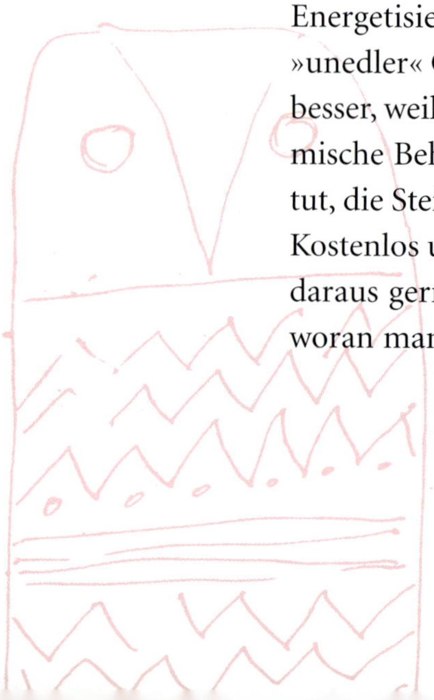

genaue Analyse wird wohl kostenlos kaum möglich sein. Doch auch auf Mineralienmessen gibt es Fachleute, die Steine mit ultraviolettem Licht oder auf Farbe, magnetische Kraft, chemische Manipulation usw. prüfen und so ziemlich genau feststellen können, ob es sich um ein Mineral oder eine Fälschung handelt.
Wer die wahre Essenz von Steinen entdecken und sich mit dieser uralten Energie befreunden will, sollte deshalb Steine um sich haben, die nicht das Produkt eines Labors sind, sondern im Wasser, im Feuer, in der Erde und durch die Luft gestaltete Wesen, die zwar keine Lebewesen, aber dennoch uralte Bewohner der Erde sind und diese Energie in sich tragen und ausstrahlen.
Anstatt haufenweise unechte, gefälschte oder manipulierte Steine zu kaufen, empfehle ich eine Wanderung dorthin, wo Steine natürlicherweise vorkommen. Das können ein Ackerrand, ein Wald, ein Berg sein. In den Alpen gibt es Gebiete, in denen sich Halbedelsteine wie Kristalle, Serpentin, Achat, Chalzedon usw. finden lassen. Manchmal stößt man sogar auf Granat oder Smaragd. Wenn ich Steine finde, suche ich sie nicht. Ich mache mich auf eine spirituelle Wanderung, horche auf das Wasser, auf den Wind, auf die Vögel. Lasse mich nieder, wo ich gute Energie spüre, und finde so gar nicht selten echte Kostbarkeiten, die noch kein Labor gesehen haben. Zudem tut mir die Wanderung gut.

VERBORGENE STEINE

Die kraftvolle Welt der Kristalle

Heiß geliebt, von vielen gesammelt und meistens gar nicht teuer findet der Kristall seinen Platz in unzähligen Wohnungen, Seminarzentren, Hosentaschen, Handtaschen. Von allen Mineralien und Steinen ist der Kristall der am meisten idealisierte. Heilerinnen und Heiler sehen im Kristall den idealen Heilstein. Computerfreaks stellen einen Kristall auf den Rechner, um die Schwingungen zu beruhigen. Kinder sammeln kleine Kristalle, weil sie so schön sind, Mineraliensammler suchen sich die schönsten Kristalle und präsentieren sie in Vitrinen. Tatsächlich ist der Kristall ein Wunderwerk. Tief im Inneren des Muttergesteins wächst er heran, meistens in Gesellschaft mehrerer Kristallspitzen, Kristallstufen nennt sie der Fachmann. Kristalle wachsen nicht nur glasklar heran, sie können auch sehr farbig sein – grün ist z.B. der Smaragdkristall, hellrosa der Rosenquarz, braun-grau der Rauchquarz, grün-türkis der Amazonit. So ein Kristallaggregat, also eine Ansammlung von Kristallen, braucht natürlich Jahrmillionen, um sich zu der Pracht zu entfalten, wie sie dann auf Mineralienmessen zu bestaunen ist. Diese langsame Reifezeit macht schließlich auch die Energie, die Heilkraft eines Kristalls aus, weshalb es eben nicht einerlei ist, ob der Kristall nun im Labor in kurzer Zeit gezüchtet, aus Bleiglas hergestellt oder überhaupt aus Glas angeschliffen wurde.

Die Firma Swarovski fertigt kleine Wunderwerke aus Glas an, die schön anzusehen sind, doch wer die wahre Wirkung eines Kristalls erfahren will, sollte sich auf den Weg machen, um einen zu finden. Kleine Kristalle auf einen schmerzenden Kopf oder in den Nacken gelegt, können den Schmerz vertreiben. Auch Quarzkristalle haben nach meiner Erfahrung große Heilwirkung. Sie sehen nicht so spektakulär aus wie die reinen Kristalle, doch steckt in ihnen eine erstaunliche Energie.
Wenn von Kristallen die Rede ist, sind jedoch strenggenommen Bergkristalle gemeint. Sie gelten als besonders heilkräftig und magisch.

Ich wollte einen Kristall in den Bergen finden und als ich in Osttirol einen Kristallsucher, einen so genannten Strahler, kennenlernte, beschloss ich, mit ihm auf Kristallsuche zu gehen. Kristalle findet man zwar gelegentlich einfach so auf dem Boden, vor allem bei Gletscherausläufern oder in der Umgebung alter Bergwerke in den Alpen. Um wirklich große Stufen zu entdecken, muss man klettern. Wir seilten uns an und machten uns auf den Weg zu einer nicht sehr steilen Felswand, die leicht zu besteigen war. Der Strahler klopfte mit einem kleinen Hammer gegen den Stein. Dann blieb er stehen. Er hatte einen Hohlraum entdeckt. Er schlug den Stein auf. Da wurde ich schon etwas nervös. Kristalle aus dem Muttergestein herausbrechen – das fühlte sich irgendwie nicht mehr so gut an. Aber wie soll der Kristall sonst herauskommen? Tatsächlich stieß der Strahler auf eine kleine Höhle im Gestein und tatsächlich befand sich ein Quarzkristall darin. Er löste ihn vorsichtig heraus und gab ihn mir. Es war ein aufregendes Gefühl, einen Kristall in der Hand zu halten, der Jahrmillionen verborgen in dieser Felswand geschlummert hatte. Nach dieser Strahler-Tour wollte ich jedoch keine Kristalle mehr aus dem Fels schlagen.

Auf einer Bergtour oberhalb Navis in Tirol fand ich in der »Knappenkuchl« kleine Kristalle, die vom Wetter, von Eis und Schnee, von Regen und Sturm aus dem Fels gebrochen worden waren. Ich finde die Energie dieser kleinen Kristalle besonders heilsam und schön. Auch die Kristalle, die ich am Mount Meru im Sagarmatha Nationalpark in Nepal fand, fühlen sich kräftig an. Sie sind von Gletschern aus dem Stein gerieben worden. Ein Gletscher hat auch die Kristalle herausgelöst, die ich oberhalb des Binntals auf dem Weg zum Geißpfadsee fand. Das Binntal ist für die Vielfalt seiner Mineralien bekannt, es gibt dort über zweihundert unterschiedliche Mineralien. Auch der Mineralienladen in Binn bietet wundervolle Kristalle aus der Gegend an – da muss sich nicht unbedingt auf den steilen Weg machen, wer nicht so beweglich ist.

In Südtirol kenne ich zwei Strahler, die vom Verkauf ihrer Funde leben können. Sie kennen die Felsen wie niemand sonst. Sie sagen von sich, dass sie die Kristalle »riechen« können. In einer provisorischen Hütte, die sie sich gezimmert haben, verbringen sie die Nächte, um frühmorgens in die Wand zu steigen und Kristallstufen zu erspüren. Eines Tages machten sie den Fund ihres Lebens: Eine Kristallstufe so groß und so prächtig, dass es selbst diesen hartgesottenen Profis den Atem nahm. In der dunklen Höhle sahen sie ein Funkeln und Glitzern aus großen und kleinen Spitzen, allesamt glasklar. Lange saßen sie vor diesem Wunderwerk und konnten sich nicht entschließen, die Stufe herauszuschlagen. Da die Höhle geöffnet war, würden andere kommen und sie zu Tage befördern,

also gingen sie ans Werk. Es brauchte einen Hubschrauber, um den Riesenkristall zum Tal zu bringen. Obwohl der Fund viele Tausend Euro wert war, verkauften sie ihn nicht. Er habe etwas Göttliches, fanden sie.

Obwohl es banal und abgegriffen klingt, stimmt es doch, dass Hellseherinnen und Wahrsagerinnen Kristallkugeln zu Hilfe holen, wenn sie etwas erfahren wollen. Mag auch das Bild der hübschen jungen Hexe oder der alten Frau, die in eine Kristallkugel starrt, ein Klischee sein – ohne Kristallkugel gestaltet sich die Konzentration auf kommende Ereignisse eher schwierig.
Doch kommt die Botschaft aus dem Kristall? Nach meiner Erfahrung ist es eher so, dass der Kristall hilft, den Alltag abzustreifen und die Gedanken, die eigene Energie zu konzentrieren. Dennoch empfinde ich den Kristall selbst auch als eine Art Transportmittel für Energien. Ich habe eine Kristallkugel, die nicht ganz klar ist. Ich brauche diese Brechung des Lichts, das Muster des Kristallwachstums, die eigene Sprache des Kristalls. Wenn ich hineinschaue, wandert mein Blick an den Kanten und Flächen in der Kugel entlang, dreht sich vom Licht in die

kleinen dunklen Wände, bis jeder Gedanke erloschen ist und nur noch das Auf und Ab des Atems spürbar ist. Auf diese Weise habe ich einmal eine erstaunliche Botschaft bekommen. Freunde waren mit einem Lastwagen unterwegs durch Afrika. Wir hatten lang nichts von ihnen gehört und fingen an, uns Sorgen zu machen. Ich nahm die Kristallkugel, schaute hinein und konzentrierte mich. Aus der Kugel tauchte ein Bild auf. Ein Lastwagen in einem Fluss, der von Palmen und Büschen gesäumt war. Auf dem Dach saßen die beiden Freunde. Tatsächlich meldeten sich die beiden kurze Zeit später. Sie waren im Kongo von Regen eingeschlossen worden. Der Weg hatte sich in einen Fluss verwandelt und sie mussten warten, bis das Wasser ablief.

Auf dem Weg um den Kailash, den ich mit einer Gruppe von WissenschaftlerInnen machte, um eine Reportage über Tibet und den Kailash zu schreiben, kam ich an ein Zelt, in dem ein Zauberer lebte. Er winkte mich herein und machte mir Tee, denn zu meiner Überraschung war ich, obwohl körperlich nicht fit, die erste der Gruppe und musste auf die anderen warten. Wir unterhielten uns mit Händen und Füßen. Er hätte mich gern auf sein Lager gezogen, doch da kam schon die erste Teilnehmerin unserer Gruppe. Bald drängten auch die anderen ins Zelt, weil sie meinen Rucksack gesehen hatten. Da wurde der Zauberer sehr ungehal-

ten. Er drehte seine Gebetsmühle rückwärts, es fing an zu regnen, zu blitzen, zu donnern – und er warf alle aus dem Zelt. Mich hielt er zurück. Er griff in seinen Lederbeutel, holte ein kleines Säckchen heraus und gab es mir. Ein Geschenk. Kleine Kristallspitzen von der inneren Umrundung des Kailash, die nur diejenigen machen dürfen, die die äußere Umrundung schon dreizehnmal bewältigt haben. Meine Freude war unbeschreiblich. Glücklich ging ich hinaus in den Regen, folgte den anderen und nach einer Stunde erreichte ich den Lagerplatz. Dort angekommen sah ich, dass große Aufregung herrschte. Unser Reiseleiter, der schon viele Tibetreisen organisiert hatte, stellte fest, dass er seine Weste mit allen Pässen, dem Geld und den Reisepermits im Zelt des Zauberers vergessen hatte. Er musste zurücklaufen. Der Zauberer verlangte Lösegeld. Achtzig Dollar musste er bezahlen, die er gern von mir bekommen hätte, weil er fand, das sei der Kaufpreis für die Kristalle vom Kailash. Ich gab sie ihm nicht. Die Kristalle waren ein Geschenk. Und die Kraft des Zauberers war bemerkenswert ...
Überall auf der Welt finde ich magische Steine. Vor vielen Jahren verbrachte ich einige Zeit in der algerischen Oase Djanet. Dieser zauberhafte kleine Ort in der Sahara nahe der libyschen Grenze ist Ausgangspunkt für Wanderungen zu den Felszeichnungen des Tassili n'Ajjer und zu den Felsgravuren in der Umgebung

des heiligen Bergs Timbeur. Ich beschloss, diese Gravuren, die nicht sehr weit von der Oase zu finden sind, allein zu besuchen, packte eine Flasche Wasser und ein Kilo Orangen ein und machte mich auf den Weg, hinaus zu den Palmengärten und weiter durch das Tal zu Füßen des Timbeur.

Da war der »Augenstein«, die zwei in den Fels geriebenen Löcher, die wie Augen über das Tal blicken, da war die Gravur des Zauberers und das Felsplateau mit den vielen kleinen Schalensteinen. Fasziniert von all dem übersah ich, dass es spät geworden war, und als ich mich auf den Heimweg machen wollte, konnte ich nicht mehr erkennen, welche Richtung ich einschlagen musste, um nach Djanet zurückzukehren. Ich setzte mich unter einen Fels und fing an, die Orangen zu essen. Ich hüllte mich in mein Seidentuch, denn es wurde ungemütlich kalt. Wenn es in der Wüste tagsüber auch heiß ist – nachts kühlen Sand und Steine ab. Ich schlotterte. Ich sang und tanzte und rief den Zauberer vom Timbeur. Eine kühle Hand berührte meine Schulter. Ich erstarrte, wagte nicht mehr, mich zu bewegen. Irgendwann muss ich eingeschlafen sein. Als ich morgens aufwachte und die Sonne das Tal erleuchtete, sah ich einen kleinen Stein vor mir. Ein Amulett! Und in der Ferne wiegten sich die Palmen von Djanet im Morgenwind.

Auf Sri Lanka verbrachte ich mit meiner Tochter einen Kurzurlaub, wir hatten nur eine Woche Zeit und wollten im Meer schwimmen und uns ein bisschen im Inneren der Insel umsehen. Als wir einen Abendspaziergang am Strand machten, kam uns ein alter Mann entgegen. Er trug etwas in einem Sack. Er hob die Hand und wollte uns etwas zeigen. Bereitwillig setzten wir uns und beobachteten den Mann, der seinen Beutel ausleerte. Ich holte tief Luft. Da lagen kleine Rubine, Saphire und ein Rohsmaragd, aber das Schönste war ein hellgelber Quarz, geformt wie ein liegender Bär, der in der Abendsonne leuchtete. »Ich suchte Edelsteine«, sagte der Mann. »Da kam ein Tiger daher. Ich griff nach einem größeren Stein und warf ihn nach dem Tiger. Der trollte sich. Dann sah ich den Stein aufleuchten und nahm ihn mit. Er hat mir das Leben gerettet.«

Aber warum er ihn denn dann verkaufe, fragte ich. Er brauchte Geld, der Stein sollte ihn nun wieder retten. Ich kaufte ihn. Und seitdem lebt er bei mir. Ob er mich gerettet hat, weiß ich nicht. Auf jeden Fall erfreue ich mich an ihm.

Immer wieder werde ich gefragt, ob man Kristalle »reinigen« soll. Es gibt eine

Schamanin der amerikanischen Ureinwohner, die ihre Kristalle regelmäßig in Domestos legt, um sie zu reinigen. Das würde ich meinen heiligen Steinen niemals antun. Die Kristalle gelegentlich in einen Bergbach oder in das Wasser einer Quelle zu legen, finde ich dagegen sinnvoll, weil ich denke, dass Stein und Wasser einander gut leiden können, und so wie sich der Kristall im Wasser wieder auflädt, kann auch Wasser durch Steine gereinigt und aufgeladen werden.

Auf einer Sommerreise durch Portugal kaufte ich am Strand von Nazaré einer Kunsthandwerkerin einen kleinen Kristall an einem Lederband ab. Sie hatten den Kristall mit Silberdraht gefasst. Obwohl ich eigentlich solche Schmuckstücke gar nicht mag, hatte dieser Kristall doch eine so wohltuende Ausstrahlung, dass ich ihn haben wollte. Ich trug die Kette immer. Ich mochte es, wie das Sonnenlicht sich darin fing und wie der Stein nachts matt leuchtete. Dann brach ich mir auf einem steilen Waldweg das Bein. Die Kristallkette begleitete mich in die chirurgische Ambulanz, wo ich geröntgt wurde.

»Soll ich mich operieren lassen?«, fragte ich den Kristall und ließ ihn pendeln. »Nein!«, sagte er. Und das war gut so.

Die Zaubermacht der Steine

Schutz, Magie und Kult

Wir leben zwar in einer Zeit, in der fast alles erforscht, entdeckt und erklärt werden kann, doch für jede Frage, die beantwortet wurde, tauchen tausend neue auf. Es bleiben die uralten Rätsel. Woher kommen wir, wohin gehen wir? Warum? Sind wir allein? Gibt es Wesen, die uns helfen? Gibt es Wesen, die uns angreifen, die wir nicht sehen, nur erspüren oder erahnen können? Warum fällt manchen alles zu, während andere ins Elend stürzen? Kann das Schicksal beeinflusst werden? Was ist überhaupt Schicksal?

Seit Urzeiten beschäftigen diese Fragen die Menschen. Und ebenso lang wird schon versucht, durch Magie, durch Beeinflussung der Geisterwelt, durch das magische oder schamanische Überschreiten der Grenze zwischen Leben und Tod diese Probleme zu verstehen und zu lösen. Dass den Toten seit Beginn der »neolithischen Revolution«, also seit der Aufrichtung des Menschen, Steinperlen, Knochenschnitzereien, Kultklingen mit ins Grab gegeben werden, zeigt, dass das magische Weltbild hier seinen Anfang hat. Das zeigt natürlich auch, dass frühe Menschen keineswegs primitiv waren, sonst hätten sie sich nicht mit so abstrakten Fragen wie: »Was ist eigentlich nach dem Tod?« beschäftigt, waren sie doch anscheinend genug damit ausgelastet, Nahrung zu besorgen und sich vor wilden Tieren zu schützen, wie uns die Forscher sagen.
Wer magische Bildwelten an die Wände von Höhlen malt, hat womöglich auch

ein ganz anderes Verhältnis zu Tieren. Hin und wieder tauchen zaghaft Vermutungen von Wissenschaftlern auf, die Szenen der Höhlen von Lascaux, Altamira oder Chauvet seien gar keine Jagdszenen, sondern kultische Verehrung von Tieren und Frauen, schamanische Anrufungen. Offenbar war es für Männer und Frauen in unserer frühen Menschengeschichte enorm wichtig, Ketten und Amulette aus Stein, Knochen, Muscheln und Fasern zu besitzen.
Ich habe einmal meinen Zahnarzt gebeten, einen Kieselstein zu durchbohren. Als ich ihn abholen wollte, traf ich auf einen zornigen Menschen: Er hatte sich zwei seiner kostbaren Diamantbohrer ruiniert und am Ende meinen Kieselstein zerbrochen. Dieser kleine Vorfall zeigte mir, dass es mehr gibt zwischen Himmel und Erde als Technologie und Fortschritt. Magie ist eben mehr als Überwältigung eines Materials durch höhere Gewalt. Magie hat etwas mit Verbindung, Einvernehmen, Austausch zu tun.
Wenn ein japanischer Meisterkoch sagt, er muss sein Messer nie schleifen, weil er

es immer in den Zwischenräumen von Fleisch und Knochen ansetzt, dann ist das einerseits schon fast Quantenphysik, andererseits erklärt es aber auch den Umgang früher Menschen mit harten schweren Steinen. Wer das Energiepotential eines Steins kennt und damit rituell umgehen lernt, kann eben womöglich Steine bewegen, die sich nicht bewegen lassen.

Es gibt im Bayerischen Wald, in der Nähe des »Steinernen Kircherl«, das wir in Steinlabyrinth umbenannten, weil's tatsächlich eines ist, einen Wackelstein: Ein riesiger Felsblock ruht auf einem abgerundeten schmalen Ende. Wer den richtigen Punkt findet, kann den Stein allein bewegen. Natürlich kann man so etwas wissenschaftlich angehen – an welchem Punkt des Steins ist der Druck auf die Basis am stärksten? Ich bin es magisch angegangen, lehnte mich gegen den Stein, ging den uralten Weg der Verständigung durch die Sprache aller Wesen. Dann stemmte ich den Rücken gegen den Stein – und bewegte ihn.

Die Magie der Steine ist nicht etwas Festgelegtes, etwas, wie es in manchen Publikationen vorgeschlagen wird. Nimm einen Opal und du kannst in die Tiefe einer Seele schauen. Die Magie der Steine ist ein Prozess. Sie entsteht im Kontakt. Etwas schwingt zwischen einem Menschen und einem Stein. Ich bin überzeugt davon, dass man es lernen kann, auf die Steine zu horchen, sie zu berühren, fühlen zu lernen. Der Ausgangspunkt ist immer die Faszination, der zündende Funke.

Wer behauptet, Diamanten seien eben die mächtigsten Zaubersteine, weil sie die rarsten, die kostbarsten sind, geht gleich in zwei Fallen. Die eine: Das Teure wird hochgeschätzt. In der Magie ist das so gut wie nie der Fall. Die größte Wirkung entsteht aus Sympathie, nicht aus Geldwert. Die zweite: Ein Schema wird erstellt, nachdem sich Magie zu entwickeln hat. Auch das ist natürlich Blödsinn. Magie ist gelungene Kommunikation, tiefes Verständnis, Heiterkeit, daraus entsteht mitunter Wandlung von Materie. Wer sich auf die Magie als Freundschaftsangebot an alle Wesen auf dieser Erde einlässt, kann die Konsumhaltung vergessen. Beschwerden werden auch nirgends angenommen. Es gibt keine Garantie, dass Kommunikation zustande kommt. »In der Anleitung steht aber, wenn du den Stein in den Mond hältst und dazu dreimal Kuckuck sagst, verwandelt er sich in eine Campingliege.« Anleitung wegwerfen! Und wer glaubt, man bestellt einfach im Universum und konsumiert wild drauflos wie in einem Warenhaus, wird eben bald eines Besseren belehrt.

Ich glaube, dass die Menschen der Steinzeit ein so tiefes Verständnis der Steine hatten, weil sie mit ihnen lebten und sich ihnen anvertrauten. Wer kann heute von sich sagen, Tiere, Pflanzen, Steine so zu ehren und zu achten, dass die Beziehung wirklich gleichwertig ist? Für mich ist das übrigens keine moralische Frage, sondern die ehrliche Antwort zeigt einfach, wie weit wir von der Natur entfernt sind und wie schwer es uns fällt, vom hohen Ross der »Krone der Schöpfung« herunterzusteigen dorthin, wo wir wirklich sind: sterblich, verunsichert, mit wenigen Überlebensfähigkeiten ausgestattet und auf jeden Fall nicht so langlebig wie Steine. Wer also die Magie der Steine erleben, erfühlen will, macht sich auf den Weg dorthin, wo die Zeit aus der Landschaft gezogen wird, wo sich Stein und Bein wieder befreunden, sodass auch wieder Stein und Bein geschworen werden kann. Von der Vorstellung, man könne einen Stein nehmen, einen Spruch sprechen und damit eine mächtige Zauberin, ein einflussreicher Magier werden, würde ich mich gleich verabschieden. Doch die faszinierende Erkenntnis ist, dass Steine Einfluss nehmen auf unser Leben, je mehr wir uns ihnen anvertrauen, je mehr wir mit ihnen spielen, je mehr sie uns zu Gefährten werden.

Können Steine Dinge materialisieren? Ja. Was muss eine/r dafür tun? Freudige Erwartung ist die beste Haltung.

Dass seit Urzeiten Menschen versucht haben, mit magischen Steinobjekten das Glück zu locken oder ihr Schicksal zu beeinflussen, zeigen uns die frühesten Funde der Geschichte. Da findet sich im Irkutskgebiet Sibiriens eine über zwanzigtausend Jahre alte steinerne Venusfigur. Jadesteinperlen und Jadeobjekte, viele tausend Jahre alt, dienen offensichtlich nicht dem täglichen Gebrauch, sondern der rituellen Anrufung. Ein Jadebeil aus China wurde nie verwendet, zeigt keine Gebrauchsspuren auf, ebenso ein Kristallobjekt aus der Dordogne, zu sehen im französischen Nationalmuseum für Frühgeschichte. Es stammt wohl aus der Jungsteinzeit und ist für eine Verwendung als Werkzeug oder Waffe ungeeignet. Wer macht sich die Arbeit, solch ein Stück mit großer Mühe herzustellen, wenn es nicht für einen magischen Zweck nötig ist?

Kugeln und runde Steine scheinen in den Wohn- und Kultstätten der Megalithkulturen, rund fünftausend Jahre vor heute, besonders beliebt gewesen zu sein. Offenbar wurden in ihnen magische Kräfte gesehen und gespürt, denn sie wurden unter magischen Felszeichnungen ebenso gefunden wie in Gräbern als Grabbeigaben. Tatsächlich ist es gar nicht einfach, einen wirklich runden Stein zu finden. Bis heute wird eine runde Steinkugel, die in der Natur gefunden wird, als besonders zauberkräftig gesehen. So genannte Kugelmühlen kommen dem Wunsch der Menschen, Steinkugeln zu besitzen, entgegen. Steine werden mit Wasser in diesen Mühlen so lange gedreht, bis sie rund werden.
Kugeln, die mit Maschinen in die runde Form gebracht werden, eignen sich nicht zum Wahrsagen oder zaubern – das versichern mir magisch begabte Frauen, die lieber in einen ovalen oder unregelmäßigen Kristall schauen.

Eine Besonderheit der Ostseestrände sind die »Klappersteine«, besonders in Dänemark sind sie als magische Objekte beliebt und berühmt. Bei der Versteinerung wurden winzige Partikelchen in den Flintstein eingeschlossen. Wenn man den Stein schüttelt, klappert er leise. Hellsichtige Menschen können aus dem Klappern Weissagungen deuten. Es gibt keine absolute Wahrheit, was Steinkugeln, Kristallkugeln, Klappersteine und ähnliche rundgeformte Steine bedeuten und können. Jeder Mensch muss sich selbst mit ihnen auseinandersetzen, wenn er/sie wissen will, welche Kraft von ihnen ausgeht. Das Erfühlen, Hineinträumen, Horchen, Berühren ist auf jeden Fall die beste Art, sich einem Stein zu nähern und zu erfahren, wie sich seine Energie zeigt.
Auch Lochsteine gelten traditionell als magische Steine. Im Alpenraum, in Bayern, Österreich und der Schweiz werden sie auch Trudensteine genannt. Es heißt,

sie helfen gegen das Truddrucken, also gegen die Albträume, gegen Beklemmungen und Bedrückungen. Ich denke aber, dass der Begriff auf eine ältere Zeit deutet: Die Truden waren in der germanischen Kultur die Druidinnen. Und germanische Seherinnen und Zauberinnen schmückten sich mit Lochsteinen, die sie an einem Band um den Hals trugen, mit denen sie wohl auch pendelten oder auf andere Art kommunizierten. Einen Lochstein zu finden bringt Glück – diese Vorstellung gibt es auch in Norddeutschland, an der Ostsee und in ehemals keltischen Gebieten wie der Bretagne und Cornwall.

So schwer Kristall, Jade, Feuerstein, Granit auch zu bearbeiten ist – es finden sich im Lauf der menschlichen Geschichte überall auf der Welt rituelle und magische Objekte, deren Herstellung Wochen, wenn nicht Monate gedauert haben muss. In spirituell orientierten Gesellschaften, in denen jede Wirklichkeitsebene wichtig ist, in denen auch die Begleitung in den Tod und die Existenz in anderen Seinsformen einbezogen wird, haben rituell bearbeitete, geschliffene, bemalte, gravierte Steine eine überragende Bedeutung. Steine begleiten, werden zu Schutzobjekten, zu befreundeten Energien. Können wir uns das überhaupt vorstellen: mit Stein, Tier oder Pflanze gleichberechtigt befreundet zu sein? So wie, sagen wir, die Frauen in Papua-Neuguinea, die Schweine an ihrer Brust säugen? Oder wie die Buschleute Südafrikas, die sich so sehr in die Tiere hineinversetzen, dass der Großteil ihres Lebens daraus besteht, daraus bestand, diese Tiere nachzuahmen, ihre Laute zu lernen, ihre Bewegungen zu spielen, ihre Kinder mit diesem Wissen zu unterhalten und zu lehren?
Aus dieser Haltung entsteht die Nähe zur Magie der Steine. Sie werden gehütet, gestaltet, weitergegeben, gefüttert, besungen. Wie der eiförmige Stein, der vom Himmel fiel und bei mir landete. Er hatte im Bergland Neuguineas eine eigene Hütte. Zu bestimmten Zeiten wurde er aus dem Häuschen geholt, umhergetragen, gefeiert, vermutlich immer zu der Zeit, als er vom Himmel gefallen war. Ich feiere darum zu der Zeit, als ich ihn dann doch bekam. Ich trage ihn auch nachts spazieren und zeige ihm Mond und Sterne, weil er das kennt. Und wer denkt, ich sei verrückt, muss sich klarmachen, dass es natürlich genau so ist. Um die Magie der Steine wahrzunehmen, aufzunehmen und zu verstehen, muss man die Per-

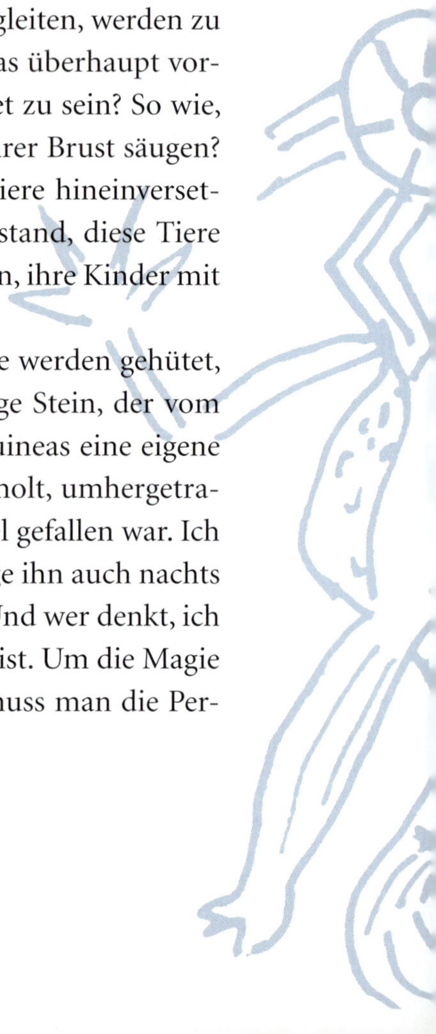

spektive im wahrsten Sinn des Wortes ver-rücken. Wer das zu gefährlich findet, kann Steine einfach nur da genießen, wo sie zu finden sind, an Flussufern, in den Bergen, in der Wüste oder halt im Juweliergeschäft. Wie viel Wirkung da noch möglich ist, fragt sich natürlich. Aber es gibt doch Menschen, die an einem teuren Ring drehten und sprachen: »Ich wünsche, dass ich in einem eigenen Haus aufwache.« Und so war es nach einiger Zeit. Da hilft nur ausprobieren.

Es gibt genug Bücher, die beschreiben, welche Steine für welche Anlässe und welche Art der Magie passen, doch meistens bleibt die Leserin, der Leser unzufrieden. Stimmt das wirklich? Bei mir hat's nichts geholfen. Das hat damit zu tun, dass die magische, die heilende Wirkung von Steinen nicht abrufbar da ist, sondern eben erst im Austausch mit der Person entsteht, die mit dem Stein umgeht, die ihn entdeckt, die sich im wahrsten Sinn des Wortes be-geistern lässt.

Viele Materialien werden in der Magie verwendet, Stoff, Holz, Knochen, Elfenbein, Glas, Fasern. Doch Amulette und Talismane, magische Helferwesen und Symbole, Schutz und Schmuck, magische Verstärkung und Zauber aus Stein waren zu allen Zeiten sehr begehrt, weil sie dauerhaft sind, weil sie die konzentrierte Kraft vieler Zeiten und Orte in sich bergen. Während Fasern, Textilien zerfallen und verschwinden, liegen Steine immer noch genauso an Kultplätzen, in der Erde, im Sand, wie sie dort hinterlassen wurden.

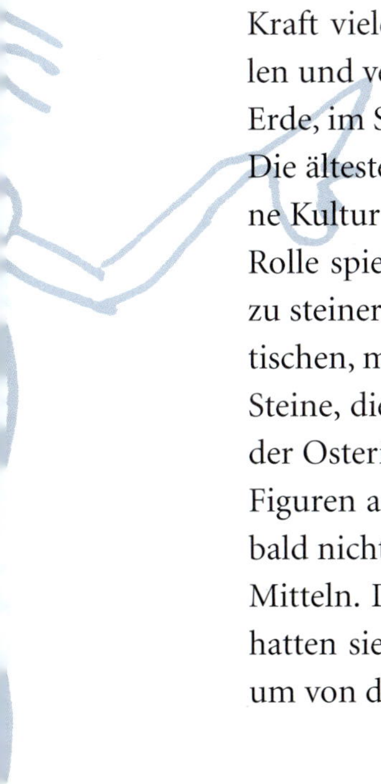

Die ältesten Kult- und Zauberutensilien, die wir kennen sind Steine. Mir ist keine Kultur auf dieser Welt bekannt, in der Steine als magische Helferwesen keine Rolle spielen würden. Vom Handschmeichler über die Steinperlenkette bis hin zu steinernen Wächterfiguren sind Steine überall wesentliche Attribute im mystischen, magischen, spirituellen Glauben. Besonders eindrucksvoll sind wohl die Steine, die den Untergang eines ganzen Volkes dokumentieren: die Steinfiguren der Osterinsel. Die Bewohner der Osterinsel errichteten diese überlebensgroßen Figuren aus Stein, die aufs Meer schauen – dorthin, wo das Volk der Osterinsel bald nicht mehr hinausfahren würde – mit allen ihnen zur Verfügung stehenden Mitteln. Doch dachten sie nicht an die Notwendigkeit, Bäume zu pflanzen. So hatten sie am Ende zwar eindrucksvolle Wächterfiguren, aber kein Holz mehr, um von der Insel fortzukommen. Vermutlich sind sie so ausgestorben.

Auf Sumatra bewachen Figuren aus Lavastein die Toten. Man spricht ihnen die Fähigkeit zu, unzufriedene Tote in Schach zu halten und die Lebenden vor ihren Angriffen zu bewahren. Die großen in den Fels gehauenen Buddhafiguren von Bamiyan in Afghanistan durften die Bewohner des Tals nicht länger beschützen: Sie waren den Taliban eine solche Provokation, dass sie die uralten Skulpturen in die Luft sprengten.

In der steinzeitlichen Donausiedlung Lepenski Vir haben steinerne Gesichter die Aufgabe, die Menschen dort zu schützen, und steinerne Wächterinnen, oft Gesichter mit einer Vulva, die es in Irland und der Bretagne als Sheela-na-Gig gibt, fanden sich auch in den Getreidehäusern. Schon in steinzeitlichen Bauten schien es der Brauch zu sein, in einer Steinanlage, einem Kultbau eine steinerne Göttinnenfigur einzubauen oder einzulegen, wahrscheinlich um den Ort zu bewachen. Als ich die Stallruine im Alentejo ausbaute, die ich für meine Göttinnenfiguren herrichten wollte, fand ich im Fundament des Stalls eine Frauen-Idol-Figur. Ich schleppte sie an einen schönen Ort im Garten – seither konnte ich sie nicht mehr bewegen, weil sie so schwer und groß ist. Für mich ist das ein Beweis dafür, dass die Magie, die zwischen einem Stein und einer Person entsteht, Unmögliches möglich machen kann. Umgekehrt kann sich aber auch ein Stein, der nicht mit mir kommen will, so schwer machen, dass ich ihn nicht bewegen kann.

Seit Beginn der magischen Verwendung von Steinen wurden einige Steinarten besonders gern und häufig verarbeitet. Dazu gehören Bernstein, der leicht zu

bearbeiten ist und schön aussieht, Feuerstein, Kalkstein, Speckstein, Koralle, Lapislazuli, Türkis, Gagat (versteinerte Kohle). Bernsteinperlen gehören zu den ältesten Schmucksteinfunden, besonders magisch wurde offenbar schwarzer Bernstein empfunden. Aus Gagat wurden in der Jungsteinzeit kleine abstrakte Frauenfigürchen geschnitzt, die wahrscheinlich als Kette um den Hals getragen wurden. Auch Feuersteinperlen fanden sich in jungsteinzeitlichen Gräbern, was besonders verwundert, da Feuerstein sehr schwer zu bearbeiten ist. Das gilt auch für Jade – seit Urzeiten magische Trägersubstanz. Bis heute gilt Jade als besonders stark und schützend, weil Jade oder Nephrit, wie eine andere Bezeichnung lautet, so hart ist.

Eine besondere Stellung unter magischen Steinen nimmt die Koralle ein. Sie symbolisiert Leben, Blut, innere Organe und soll die Person, die Korallenperlen trägt, beschützen und heilen. Der Mythos der Koralle geht von Afrika über Indien bis Tibet. Koralle wurde derart hemmungslos verarbeitet, dass die Korallenriffe in Gefahr gerieten. Heute ist der Handel mit Korallen stark eingeschränkt, manche Arten dürfen überhaupt nicht mehr verarbeitet werden. Alte Koralle ist wertvoll und teuer. Man bekommt sie kaum noch. Dafür blüht jetzt der Handel mit chinesischen gefärbten Korallen, die als alt und echt verkauft werden.

Auch Lapislazuli gilt als mächtiger Heil- und Zauberstein. Echter Lapis ist so selten geworden, dass er für die meisten Menschen unerschwinglich ist. Die Bergvölker im Himalaya schwören auf Lapis für Schutz vor Überfällen und Unglück. Es scheint für sie kein Problem zu sein, Lapis- oder Korallenimitationen in ihren

magischen Ketten zu tragen. Das gilt auch für Türkis. Dem Türkis wird vor allem in Tibet und bei den indigenen Menschen Nordamerikas magische Kraft zugeschrieben. Während der Türkis für die amerikanischen UreinwohnerInnen eher blau als grün sein sollte, um seine größte Kraft zu entfalten, lieben die Menschen in Tibet den grünen oder braunen Türkis.
Viele Geschichten ranken sich um die Magie der Opale. Für die Aborigines Australiens sind Opale das Feuer der Erde, heilige Steine, die nicht der Erdmutter entrissen werden sollen. Darum kümmern sich allerdings die Schatzsucher nicht, die im heißesten Herzen Australiens unter der Erde leben, um Opale zu finden. Tatsächlich ist das Feuer der Opale berückend und kann tiefe Kräfte wecken – wenn man die Nähe des Opals aushält. Ich habe schon einige Opale gekauft oder geschenkt bekommen – kein einziger ist bei mir geblieben. Die Magie der Steine funktioniert eben nicht für alle Menschen gleich. Meine magischen Steine sind Feldsteine oder in alten Zeiten bearbeitete Feuersteine, Kalksteine oder Sandsteine. Die Schweizer Zeitschrift »Du« hatte einmal ein Themenheft zur Frühgeschichte. Man hat ja oft darüber gerätselt, warum Pfeilspitzen und Klingen gefertigt wurden, die gar keine scharfen Kanten haben. In der Ausgabe beschreibt eine Autorin ein Experiment: Sie dreht die Pfeilspitzen und Steinklingen um – und Frauenkörper werden sichtbar. So werden sie zu »Kult-Klingen«. In der Frühzeit wurden viele Frauenidole gefertigt, weil Menschen sich mit der Kraft der Frauen offenbar stärkten und schützten, und so macht auch die Kult-Klinge Sinn, denn als Frauenidol lässt sie sich sogar als Kette um den Hals tragen, wie ich anhand meiner gefundenen Objekte herausfinden konnte. Diese stilisierten, abstrakten und doch so kraftvollen Frauenkörper sind tatsächlich von großer magischer Kraft. Die ziehe ich jedem Edelstein vor.

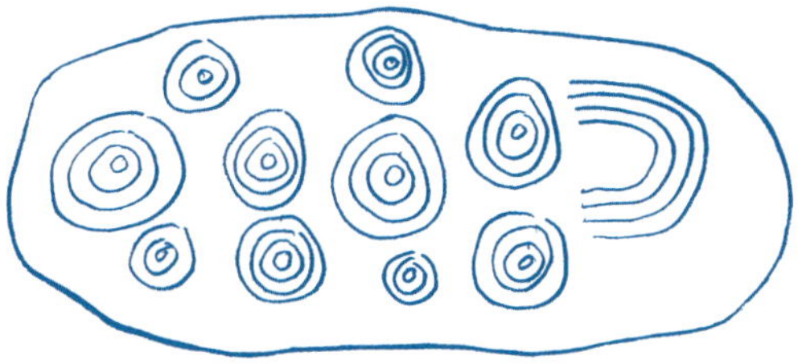

HEILENDE STEINE

In Verbindung mit der Energie

Steine erinnern uns daran, dass alles Leben Kieselsäure enthält, die wir lebensnotwendig brauchen. Im Schieferbruch von Solnhofen arbeitete ein Ingenieur, der mit der Zeit alle Haare verloren hatte. Er war über seine Glatze sehr unglücklich. Doch als er mehr im Steinbruch als im Büro zu tun hatte, bemerkte er ein Phänomen: Die Haare begannen wieder zu wachsen. Er hatte feinen Steinstaub aufgenommen, der vermutlich den Haarwuchs bewirkte.

Auch in der Höhle der Emma Kunz in der Schweiz, zu der die Menschen scharenweise pilgern, um sich zu heilen, hat wohl der feine Steinstaub, der die Erde anreichert, die heilende Wirkung, von der alle überzeugt sind, die sich je dort aufgehalten oder Erde gekauft haben.
Vielen Stein-Kultorten wird heilende Wirkung nachgesagt, vor allem, wenn Steine und Quellen zusammen vorkommen. Ein Heilort für Knie und Beine ist auf dem Liebfrauenberg in der Basilika Rankweil der Kniestein, der angeblich von einem Heiligen so lang niedergebetet wurde, bis er weich war und den Abdruck der Knie zeigte. Vermutlich ist der Stein vom Gletscher in diese Form geschliffen worden, doch das spielt beim Heilkult keine Rolle. Menschen mit Knie- und Beinproblemen knien sich in den Stein und fühlen sich geheilt. Das allein zählt.
Die heilende Wirkung von Steinen ist seit Urzeiten überliefert, wenngleich Wis-

senschaftlerInnen darüber nur die Nase rümpfen, da Steine für sie tote Materie sind. Wer behauptet, Steine zu verkaufen, deren Wirkung wissenschaftlich belegt ist, macht sich sogar strafbar. Doch ist die Liebe der Menschen zu besonderen Steinen und das Vertrauen in ihre Heilkraft seit Jahrtausenden überliefert. Diese Menschen kümmern sich kein bisschen darum, dass diese heilende Wirkung der Steine wissenschaftlich nicht nachweisbar ist. Wer braucht schon einen Beweis, wenn es darum geht zu spüren, auf welche Weise Steine ihre Kraft abgeben.

In der Steinzeit rieben die Frauen ihre Vulva an Steinen und menstruierten in Schalensteine. Ich bezweifle, dass sie das taten, um fruchtbar zu sein. Fruchtbarkeit kann in Klans, die ständig unterwegs sind und beweglich bleiben müssen, nicht das Problem gewesen sein. Zu viele Geburten schon eher. Die Frauen der Hongshan-Kultur in China vor etwa viertausend Jahren trugen Jade- und Kristallamulette, die Frauen (Göttinnen?), Heuschrecken oder Frösche darstellten. Diese Amulette wurden in großer Zahl hergestellt und auch als Grabbeigaben den Toten mitgegeben – für gesünderes Sterben sozusagen. Das mag wie ein Widerspruch klingen, doch war und ist es ja in vielen Kulturen nicht unerheblich, mit welcher Energie wir das Totenreich betreten und wie es uns dort dann ergeht. Da mag so ein Amulett keine schlechte Idee sein, um die eigene Unversehrtheit zu sichern.

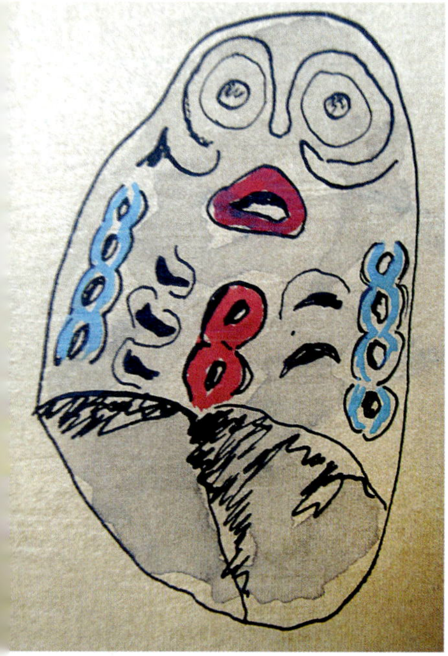

Hildegard von Bingen widmete den Steinen viel Aufmerksamkeit und kam zu dem Schluss, dass es vierundzwanzig Heilsteine gibt. Der Diamant zählt auch dazu. Nun würde ich zwar sagen, dass der Diamant mehr Menschen umgebracht als geheilt hat, doch zu Hildegards Zeiten waren die Verhältnisse noch etwas anders. Es gab de Beers und die Minen von Südafrika, die Blutdiamanten aus Liberia und dem Kongo noch nicht. Wie Diamanten um 1000 nach unserer Zeitrechnung gefunden und abgebaut wurden, weiß ich allerdings auch nicht. Fest steht, dass Diamanten kein billiges Heilmittel sind, doch wenn jemand von einer schweren Krankheit tatsächlich geheilt würde, dann spielte Geld ja womöglich keine Rolle. Hildegard empfiehlt den Diamanten – nicht ohne unfreiwillige Komik – all jenen Menschen, die andere diffamieren, die ständig schlecht über andere reden. Diese Menschen sollten einen Diamant im Mund tragen. Vielleicht dachte Mick Jagger an Hildegard von Bingen, als er sich in den Schneidezahn einen Diamanten einsetzen ließ. Auch der neueste Schrei, Tote zu verbrennen und die Asche zu Diamanten zu pressen, kommt der Hildegardkur nahe – dann ist auf jeden Fall Schluss mit den »teuflischen Reden«.

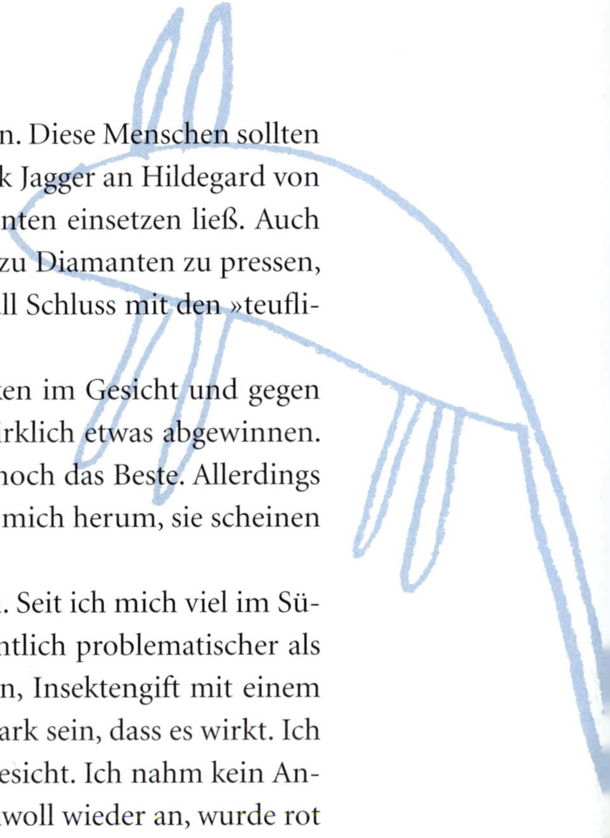

Der Amethyst gilt Hildegard als Heilstein gegen Flecken im Gesicht und gegen Schwellungen. Ich kann auch dieser Steinkur nicht wirklich etwas abgewinnen. Bei Schwellungen ist eine Eispackung einfach immer noch das Beste. Allerdings finde ich Amethysten beruhigend. Ich habe einige um mich herum, sie scheinen das Herz zu erfreuen.

Jaspis empfiehlt Hildegard gegen das Gift von Spinnen. Seit ich mich viel im Süden aufhalte, scheint mir, die kleinen Tiere sind wesentlich problematischer als die großen. Da kann man schon auf die Idee kommen, Insektengift mit einem Jaspis zu bekämpfen, doch muss der Glaube da sehr stark sein, dass es wirkt. Ich hatte vor rund dreißig Jahren einen Spinnenbiss im Gesicht. Ich nahm kein Antibiotikum und fast jedes Jahr arbeitete dieser Biss, schwoll wieder an, wurde rot und blau. Jetzt scheint das Problem auch ohne Jaspis erledigt zu sein.

Den Magnetstein, Hämatit, rät Hildegard zu bespucken und damit über den Scheitel von Wahnsinnigen zu streichen. Problematisch finde ich, dass man gar nicht weiß, wo man anfangen soll mit spucken und bestreichen, so viele Wahnsinnige treiben ihr Unwesen in Politik und Wirtschaft. Allerdings bezweifle ich auch hier den Erfolg der Kur. Mir ist der Hämatit eigentlich zu kühl, ich finde ihn deshalb gut zum Abkühlen, zum Beispiel bei Fieber auf die Stirn. Einen Wadenwickel dazu – schon sinkt die Temperatur.

Bernstein sei warm, schreibt Hildegard, und, eingelegt in Wein, gebe er seine Kraft ab, sodass jemand mit Magenbeschwerden diesen Wein trinken und davon genesen soll. Bernstein wird auch für kleine Kinder empfohlen, die Zähne bekommen. Tragen sie eine Kette aus kleinen Bernsteinperlen, soll das Zahnen weniger schmerzhaft sein.

Natürlich gehört auch der Kristall zu den von Hildegard hoch eingeschätzten Heilsteinen. Sie empfiehlt ihn, wenn sich die Augen verdunkeln, also man Au-

genprobleme hat oder schlechter sieht, aber auch für die Drüsen. Beim Kristall bin ich mit Hildegard durchaus einer Meinung, was ihre Heilkraft betrifft. Kristalle sind erstaunliche Steine. Nach einem Unfall legte ich mir einen Kristall aufs zersplitterte Bein, gelegentlich wusch ich ihn und legte ihn wieder auf. Nach etwa zwei Wochen zersprang der Kristall auf dem Bein. Ich habe das Gefühl, dass ich durch die Kraft des Kristalls schneller heilte. Auch bei Kopfschmerzen oder Bauchschmerzen lege ich gern Kristalle auf. Ich habe viele um mich und halte sie auch gern in der Hand. Besonders gut finde ich, wie schon beschrieben, die kleinen unspektakulären, die nicht bearbeitet wurden, die in Steingeschäften sehr günstig zu haben sind. Optimal ist es, einen Kristall selbst im Gebirge zu finden. Da hat er noch seine ganze natürliche Kraft.
Den Karneol sieht Hildegard als Heilmittel für Nasenbluten, überhaupt für das Blut. Zu Perlen rät sie nicht und ist damit einer Meinung mit den nomadischen Völkern Europas, die Perlen als Tränen sehen und ihnen Unglück zuschreiben. Wer Perlen trägt, nimmt Gift auf, befindet Hildegard. Energetisch ist es ja nicht uninteressant, dass Perlen nur entstehen, weil die Muschel einen Fremdkörper unschädlich machen muss, der in ihre Weichteile eindringt. Wer Perlen züchtet, zwingt also die Muscheln, ständig an Fremdkörpern zu arbeiten. Das ist wahrlich keine so gute Energie und ich kann mir auch nicht vorstellen, dass irgendjemand Perlen als heilend empfindet. Allerdings sind sie wieder sehr beliebt – das gibt zu denken.

Es gibt natürlich entstandene oder von Menschen errichtete Steinformationen, denen seit langer Zeit heilsame Wirkung zugeschrieben wird. Die Rutschsteine, vermutlich von Gletschern geschliffene Steinplatten, in die Menschen Schälchen einrieben und die sich überall in den Alpen finden, gehören dazu. Der Brauch dieser Steinschalen und Steinnäpfe aus der Steinzeit bleibt vorerst rätselhaft. Wurden sie zur Herstellung von Heilsubstanzen, Kräutern oder als Heilsteine verwendet? Wurden in ihnen Öllichter entzündet, um Zeichen in der Landschaft zu setzen? Die einheimischen Frauen vom Val Camonica, aber auch afrikanische Frauen, die am Fuß der Falaise, der Felswand der Dogon, in Mali leben, rutschen in überlieferter Tradition jedenfalls mit blanker Vulva auf diesen Steinplatten,

um sich von Unterleibskrankheiten zu heilen oder um schwanger zu werden.
Als ich mit Margarethe von Trotta in die Bretagne fuhr, um die Megalithsteine und die Steinreihen zu besuchen, erzählte uns die Pensionswirtin, dass die Menschen im Dorf in Carnac zu einem bestimmten Stein gingen, wenn sie Rückenschmerzen oder Knochenbrüche hatten, die nicht gut heilten. Wir gingen nachts zu den Steinreihen von Carnac. Margarethe berührte einen Stein und fuhr zurück, als sei sie von einem elektrischen Schlag getroffen worden. Womöglich hatte sie den Heilstein der Einheimischen berührt ...
Auch in Cornwall gibt es ein Heilritual mit dem Mên-an-Tol, dem Lochstein in der Nähe von Penzance. Der Überlieferung nach soll man neunmal von Osten nach Westen durch das Loch kriechen, um von Schmerzen und Krankheiten be-

freit zu werden. Als ich schon siebenmal durchgekrochen war und kaum noch Kraft hatte, fiel mir das bayrische Sprichwort ein: »Ein Guter hält's aus, um einen Schlechten ist es nicht schade.« Das ist wahrscheinlich die Grundlage der Heilung beim Mên-an-Tol: Wer das aushält, ist sowieso ziemlich fit.

Ein Menhir in der Nähe von Monsaraz im Alentejo zieht die Frauen der umliegenden Dörfer zu heimlichen nächtlichen Heilritualen an. Sie tanzen um den Menhir und reiben sich an ihm. Sie tun das sehr diskret, niemand erfährt, wenn sie losziehen. Sie sorgen dafür, dass sie nicht beobachtet werden.

In Kaligat, im Tempel der Kali bei Kalkutta, gibt es einen schwarzen Stein, der als Materialisierung der Göttin Kali verehrt wird. Er befindet sich in einem unterirdischen Tempel. Nachdem ich mich von einem beinahe tödlichen Unfall wieder einigermaßen erholt hatte, beschloss ich, eine Wallfahrt zu Kali zu machen. Noch mit Krücken flog ich nach Kalkutta und fuhr mit dem Taxi zum Tempel. Nach einem kurzen Bad im Ganges, das mir von der Kali-Priesterin auferlegt wurde, stöckelte ich mit meinen Krücken zum Kali-Heiligtum. Auf dem spiraligen Weg drängte sich eine Menschenmenge nach unten zum schwarzen Stein. Ich wurde geschoben, gedrückt, verlor meine Krücken, wurde gehoben, getragen, kam zum schwarzen Stein, berührte die drei Schälchen, die die drei Augen der Kali darstellen, weiß, rot, schwarz, wurde weitergeschoben, wieder auf der anderen Seite hinauf, bekam meine Krücken wieder und stand dann wieder im Freien, zerzaust, mit einem roten Punkt zwischen den Augen. Noch heute bin ich sicher, dass die Berührung mit dem schwarzen Stein der Kali meine Heilung erfolgreich abschloss. Ich fühlte mich wie neu geboren, als sei mein Körper neu zusammengesetzt.

Steine sprechen durch ihre Energie zu uns. Sie pulsieren, sie strahlen, sie senden Wellen aus, die wir aufgreifen und, wenn wir sie verstehen, in heilende Impulse umsetzen können. Diese natürliche Strahlung der Steine kann sich bei bestimmten Leiden positiv auf Körper und Geist auswirken – so wird zum Beispiel in Bad Gastein in unterirdischen Steinhöhlen die Radonstrahlung bei Arthrose, Bechterew und anderen Krankheiten eingesetzt.

In Japan gibt es eine alte Tradition, heiße Steine auf den Körper aufzulegen und so an den betreffenden Stellen die Lebenskraft anzuregen oder Schmerzen zu lindern. Meist werden dazu schwarze Steine verwendet. Sie werden in heißem Wasser aufgewärmt und körperwarm auf den Körper gelegt. Die behandelte Person wird dann mit einem Laken und einer Decke zugedeckt. Auch Massagen mit heißen Steinen wirken sich sehr wohltuend und heilend aus.

Aus Indien kommt die Heilmethode, bei der Massagen mit einem Sternsaphir ausgeführt werden. Stabförmige Sternsaphire, die an einer Seite angeschliffen sind, werden mit leichtem Druck über den Körper geführt, schmerzende Gelenke werden umkreist, verspannte Muskeln mit sanftem Druck abgestrichen. Die Wirbelsäule wird niemals direkt bearbeitet, vielmehr wird der Massagestein an den Rückenstreckermuskeln entlanggeführt.

Amethyst ist seit langer Zeit als Heilstein sehr beliebt. Er soll Herzbeschwerden und Entzündungen heilen, Erregungszustände mildern und Heiterkeit im Menschen auslösen. Die Künstlerin Marina Abramovi schuf für die Documenta einmal Amethystschuhe, in die man hineinschlüpfen konnte. Sie empfand Amethyste als ganz besondere, magische, heilende Steine. Cäsars Legionen dagegen schworen auf Citrin. Er wurde als Lebensstein gesehen und als Amulett bei Kämpfen getragen. Die gegensätzliche Wirkung findet sich in den Mythen der KoboldInnen. Sie nehmen der Sage nach schwere Steine und drücken sie auf die Schlafenden, oftmals mit dem Resultat, dass die schlafende Person nicht mehr aufwacht.

Wer herausfinden will, wie Steine heilen, sollte zunächst einmal mit wachem Blick die eigene Umgebung erkunden: Wo liegen Steine, welche Steine befinden sich in meinen Lieblingsschmuckstücken, welche Steine trage ich vielleicht sogar in der Tasche, welche liegen am Bett usw. Denn die Steine, die man ganz unbewusst und aus einem natürlichen Impuls heraus zu sich nimmt, haben womöglich schon Kontakt aufgenommen, wollen schon mit der entsprechenden Person zusammen sein. Ich würde mich bei einem Heilritual mit Steinen nicht so sehr nach den vielen Empfehlungen in Büchern richten, sondern immer selbst spüren, mit welchem Stein ich mich wohlfühle, bei welchem ich heilende Energie fühlen kann. Das mag dann womöglich ein ganz unspektakulärer Feldstein sein.

Wie heilen uns Steine? Eine Krankheit wühlt im Körper alle Kräfte auf, wie in einem trüben Wasser wirbeln sie durcheinander. Die Meditation mit einem Stein lässt die turbulenten Energien ruhig werden, die Ruhe des Steins geht auf uns über. Indem wir uns in den Stein hineinfühlen, hineinträumen, entsteht ein neues Energiefeld, in dem es zunächst gar nicht um Heilung geht, sondern um Wahrnehmung. Es geht auch gar nicht darum, sich lieber mit Steinen zu heilen als mit Schulmedizin. Beides ist möglich, wichtig ist, das Nötige zu finden. Heilrituale mit Steinen helfen mit, durch Ruhe und Klarheit genauer wahrzunehmen, welcher Schritt jetzt wichtig ist. Natürlich kann das Auflegen von warmen Steinen oder eine Massage mit Kräuteröl und einem warmen Stein Verspannungen lösen. Die Ruhe, die entsteht, hilft, die Prozesse im Körper genau anzuschauen und dann zu tun, was man nicht lassen kann.

DIE SPRACHE DER STEINE

Stille, in der alles entsteht

Für Steine sind Menschen wahrscheinlich wie Eintagsfliegen. Die Steine liegen da seit Ewigkeiten, die Menschen kommen, schnattern, lachen, weinen, gehen wieder, sterben – da braucht es schon eine andere Zeitdimension, um Steine überhaupt zu verstehen, um den Puls der Steine zu fühlen, um die Sprache aus der Stille herauszufiltern.

Es gibt keine Zeit, es gibt keine feste Materie, alles ist Energie – das ist der Schlüssel zur Freundschaft mit Steinen. Wir sind in die Vorstellung eingebunden, dass Zeit vergeht, dass es so etwas wie Fortschritt gibt, dass man weiterkommen muss in der Welt, dass man irgendwo ankommen, etwas erreichen muss. Im magischen Reich der Steine geht es um ganz andere Kräfte und Wahrnehmungen, nirgendwohin streben, nichts erreichen wollen, kein Ziel haben. Einsinken in den Raum, in dem alles entsteht und alles zerfällt. Mit dem Atem navigieren, die Energie der Wesen ringsum spüren und mit diesen Wellen schwingen. Die Sprache der Steine ist die Sprache aller Wesen im Universum, die Stille, in der alles entsteht.

Die Fingerspitzen auf einen Stein legen, die Augen schließen – schon entsteht ein Kraftfeld, das durch die Finger in den Körper pulsiert. Jetzt wächst die Verbindung zum Atem des Steins. Weit, tief, langsam pulsiert die Kraft des Steins. Steine erzählen keine Geschichten, sie sprechen nicht mit menschlicher Diktion, sie lassen Räume entstehen, in die wir uns einschwingen können.
Mit den Fingerspitzen auf dem Stein, vielleicht auch auf einem Stein liegend oder sitzend, die Augen geschlossen, öffnen wir unsere Wahrnehmung, stellen wir eine Verbindung her, fließen in unbekannte Räume und Energien.
Da sind zuerst die Geräusche der Umgebung, Mücken vielleicht, ein Knacken hier, ein Auto irgendwo. Dann wird die Körperwahrnehmung stärker, hier drückt's, hier zwickt's, der Körper wird zurechtgeschoben, der Atem fließt tiefer und genüsslicher. Jetzt wird die Temperatur ein Thema, zu warm, zu kalt? Dann fühlen die Fingerspitzen sich in die Struktur des Steins ein, Luftwurzeln wachsen aus den Fingerspitzen in die Tiefe des Steins, schwingen dort in die Energieräume, spielen mit dem Fluss des uralten steinernen Pulses. Zeitlosigkeit und Leere breiten sich aus, die Alltagsthemen, gerade noch emsig im Hirn unterwegs, verschwinden so langsam im Kraftfeld des Steins.

Der Stein nimmt Körper und Geist mit auf eine Reise in die Tiefe. Die Erinnerung an den freien Fall im All taucht auf. Das Echo der unbewussten Erinnerung wird stärker und verschwindet wieder.

Wer ein Problem hat und zu einem Stein geht, um durch die Energie des Steins Antworten zu finden oder geheilt zu werden, verpasst mit dieser linearen Methode den heilenden Raum, die uralte Sprache der Steine. Wir haben uns daran gewöhnt, dass alles schnell gehen muss: Das Problem wird benannt, bearbeitet, therapiert, eliminiert. Aber sowohl die Ebenen der Probleme als auch die der Heilung oder Lösung sind viel komplexer.

Wenn ich in Afrika eine Frau fragte: »Werden Frauen ausgebeutet?«, wusste die gar nicht, was ich von ihr wollte. Fragte ich: »Gibt es magische Rituale zur Heilung von Krankheiten«, so erhielt ich halt irgendeine Antwort. »Wer blöde Fragen stellt, erhält blöde Antworten«, hieß das früher bei uns.

Ich lernte zu beobachten, mich irgendwo hinzusetzen und einfach da zu sein, die Lieder zu hören, die Körpersprache der Menschen aufzunehmen und in mir wirken zu lassen. Ich fragte nichts, ich sagte nichts, ich war einfach da und wurde Teil dieser lebendigen Seinsebene und erfuhr mehr, als die verbale Sprache es zugelassen hätte.

So ist es mit Steinen. Wenn ich – nach Anweisung – Steine auf den Körper lege oder ins Trinkwasser gebe und dieses Wasser dann trinke, kann da zwar schon eine Heilwirkung entstehen. Doch ist die Kommunikation mit Steinen viel intensiver, wenn ich versuche, den Stein in seiner Form, seiner Energie, seiner Farbe, seiner Temperatur, seiner Tiefe wahrzunehmen, ohne etwas von ihm zu wollen. Es ist ja eigentlich auch eine Art Respektlosigkeit, von einem Stein zu erwarten, dass er sich auf meine Probleme einlässt. Was interessiert den Stein mein Problem? Und umgekehrt ist es oft so, dass Menschen, die etwas von Steinen erwarten, sich für diesen Stein auch nicht besonders interessieren, es sei denn, er heilt, er vollbringt Wunder, ist besonders wertvoll oder schön oder kann irgendein Kunststück.

Es geht darum, in den spirituellen Raum der Steine einzusinken, sie mit allen Sinnen wahrzunehmen. Denn erst dann eröffnet sich die Wunderwelt dieser uralten Wesen. Die Steine brauchen uns nicht. Sie werden von uns zwar im besten Fall bewundert, gesammelt, geliebt, doch oft werden sie auch zerstört, zerquetscht, zu Straßen, zu Häusern verarbeitet, in Tresore verbannt oder im Feuer gespalten, aufgeschlagen, aus dem Muttergestein herausgeraubt. Unsere Freundschaft zu Steinen ist meistens durch den Nutzen definiert, den sie für uns haben. Wer Steinen nahekommen will, macht sich am besten absichtslos auf den Weg. Denn nur so entsteht dieses Wunder der Kommunikation mit einem »toten Gegenstand«,

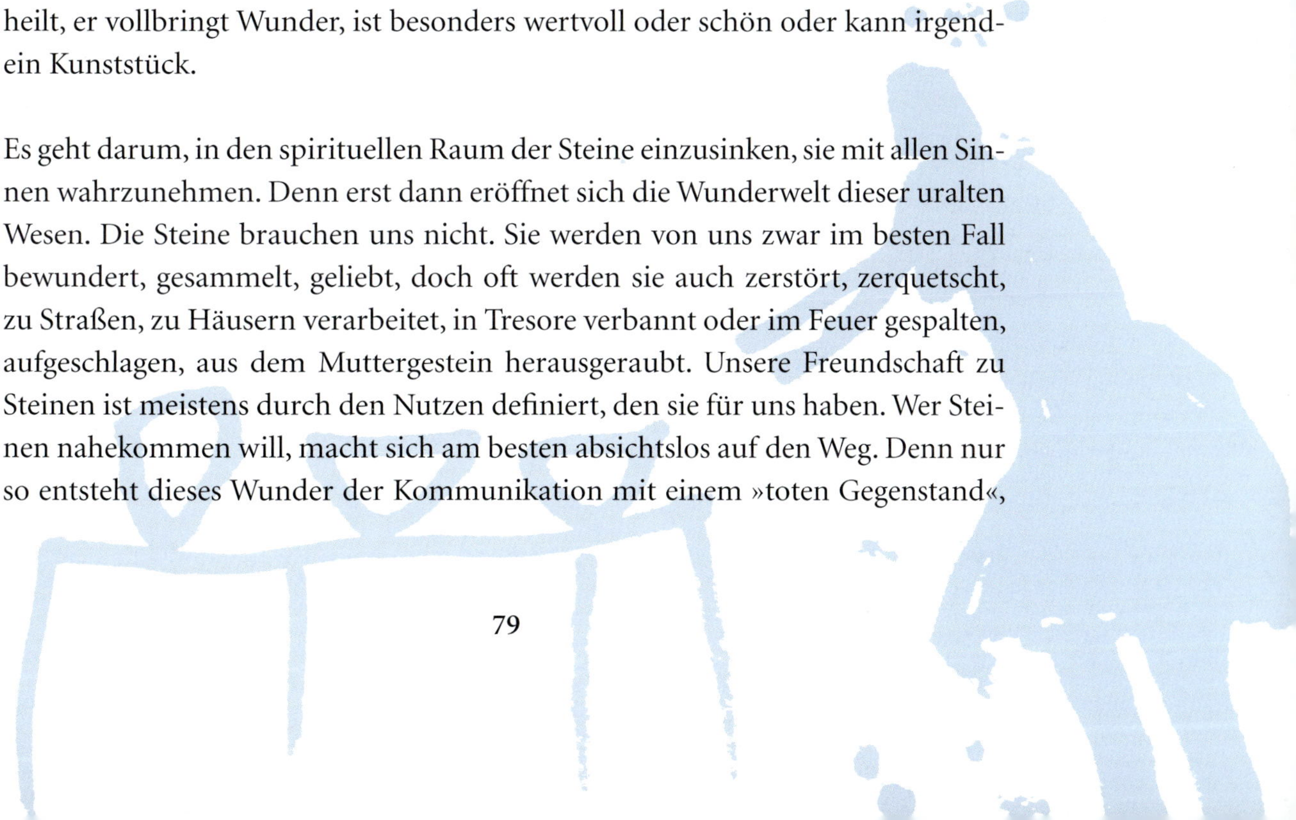

einem »anorganischen Stoff«, wie die Wissenschaftler sagen. Dann öffnet sich die uralte Geschichte, die im Stein verborgen ruht, die Erinnerung an Meeresrauschen, an das Grollen der Erde, an das Feuer aus dem All. Im Stein ruht Leben, für immer gespeichert, die Information verschlüsselt, aber immer gegenwärtig.
Die Sprache der Steine verstehen zu lernen heißt auch, diese alte Erinnerung zu wecken. Die Gedanken und Impulse, die jetzt entstehen, werden von den Botschaften der Steine gespeist. Die Bilder, die auftauchen, setzen sich aus der Geschichte der Steine zusammen und lösen sich wieder auf. Wer sich ganz einlässt auf diesen nicht definierten Raum, ohne Absicht oder Ziel, wird vielleicht irgendwann gar nicht mehr nach der Botschaft fragen, die in einem Stein liegen mag.
Die Projektionen, die wir alle so schnell parat haben, führen uns nur immer wieder in den eigenen Gefängnisgarten. Wir stellen uns etwas vor, wir haben eine

Idee von etwas und so muss es jetzt funktionieren, sonst fühlen wir uns unbefriedigt. Die Kommunikation mit Steinen lehrt uns etwas anderes: Indem wir unsere festen Vorstellungen aufgeben, indem wir uns auf eine Welt einlassen, in der nicht Gefühle und Pläne das Hirn choreografieren, sondern Erwartungslosigkeit den Raum der verheißungsvollen Leere öffnet, lassen wir auch die innere Gefangenschaft zurück, die uns auferlegt wurde – das sind die Erkenntnisse der Wissenschaft, so ist die Realität und so funktioniert das Leben. Im Einschwingen auf den Puls der Steine verschwinden die ehernen Gesetze der Wirklichkeitsdefinition. Es geht nicht mehr darum, etwas zu beweisen und von irgendjemandem bestätigt zu bekommen. Vielleicht entsteht ein Augenblick des Wunders nur für diese Person, nur jetzt, nicht nachvollziehbar, nicht wiederholbar. Vielleicht verändert sich die Wahrnehmung der Wirklichkeit für immer. Und vielleicht ist einen Wimpernschlag lang alles eins.

Mit Steinen befreundet

Menschen und Kieselsteine

Da liegen sie, die großen Steine, scheinbar ewig und unzerstörbar. Steine symbolisieren für uns Alter, langes Leben, Unsterblichkeit. Doch auf meiner Wanderung durch die Hügel am Alquevasee im Alentejo beim Anblick des bunten Kieselsteinufers wird mir plötzlich die Vergänglichkeit jeder Materie bewusst.

Auch Steine sind nicht ewig. Hitze, Kälte, Wasser, Wind arbeiten an ihnen. Menschen machen Feuer – Steine zerspringen. Die Elemente arbeiten sie auf und sie werden kleiner und kleiner. Sie rollen durchs Wasser, sie schleifen sich gegenseitig mit der Bewegung von Wasser, bis sie schließlich, wie an dieser entzückenden Kieselküste bei Mourao, als bunte Steinchen daliegen. Achate, Sandstein, Kalkstein, Feuerstein, Quarz, ja, sogar Kristalle, Jaspis, Basalt – auch die größten Felsen werden irgendwann zu kleinen wohlgeformten Kieseln, die in jeder Tasche Platz haben. Sie murmeln mit dem Wasser, sie glitzern in der Sonne und sie springen in unsere Hände, wollen berührt, mitgenommen werden.

Es gibt noch einige wenige Steinmühlen, in denen Kieselsteine zu runden Murmeln und Kugeln verarbeitet werden. Die Steine werden in die so genannten Kugelmühlen gelegt und mit Wasser angetrieben. Sie drehen sich so lange mit dem Wasser, bis sie alle ganz rund geworden sind. Auch wer nicht mit Murmeln spielt,

kauft gern diese kleinen und größeren Kieselsteinkugeln. Sie liegen schön in der Hand, man kann sie durch die Finger wandern lassen. Manche Frauen schieben sich eine Steinkugel in die Vulva, um sie auf- und abzuschieben und so die Beckenbodenmuskeln zu trainieren.

Die Kieselstein- und Sandbänke der Isar in München sind legendär. Menschen verbringen dort ihre Mittagspause, Mütter treffen sich und lassen ihre Kinder im flachen Wasser der Isar baden, Hunde toben ... Doch am beliebtesten ist es, Kieselsteine zu finden, die eine schöne Zeichnung, eine Zahl, ein Bild darstellen. Man sieht Menschen mit gebeugten Köpfen auf und ab wandern, sich bücken, einen Stein aufheben, wieder hinlegen, in die Tasche stecken. Kieselsteine faszinieren uns seit Urzeiten. Sie sind wahrscheinlich die treuesten BegleiterInnen der Menschen. Sie finden sich in Hosentaschen, Jackentaschen, Handtaschen, auf Fensterbänken, vor Türen, in kleinen Schalen mit Wasser. Sie werden von Kindern zu Landschaften zusammengelegt, von GoldschmiedInnen gelegentlich sogar zu Schmuckstücken verarbeitet. Die legendären Münchner Isarkiesel werden bemalt und verkauft. Anderswo werden sie zu Spiel-Steinen. Sie trocknen, um Häuser gelegt, feuchte Wände aus. Sie bilden eine gesunde Unterlage für Böden. Kieselsteine sind tatsächlich aus unserem Leben nicht wegzudenken. Sogar in meiner Bank habe ich schon einen auf dem Tresen entdeckt.
In München war eine Ausstellung über Kieselsteine zu sehen. Der wissenschaftliche Leiter des Museums »Reich der Kristalle« hat die BesucherInnen aufgefor-

dert, Kieselsteine mitzubringen, die Buchstaben zeigen. Sein Wunsch ist es, das Alphabet in Kieselsteinen zusammenzustellen. Kieselsteine vermögen offenbar auch die Fantasie von Geologen und anderen Forschern anzuregen!

Es ist schon ein großes Privileg, in einer Stadt zu leben, durch die ein Fluss wieder wild fließen darf, der sogar Kieselsteininseln bildet. Viele Flüsse sind in großen Städten durch Mauern begrenzt. Weder in Paris an der Seine noch in London an der Themse noch am Tejo in Lissabon und schon gar nicht am Hudson in New York kann man auf einer Kiesbank sitzen und die nackten Füße ins Wasser halten.

Doch es gibt neben dem Isarstrand noch andere faszinierende Kieselsteinplätze. Chesil Beach in der Nähe von Weymouth in Südengland entdeckte ich, weil meine Schwester in London lebte und wir jedes Jahr nach Südengland oder Cornwall fuhren, um zusammen Ferien zu machen. Chesil Beach ist eine Bank, die nur aus Kieseln, nicht aus Erde besteht. Mit dem Atem des Meeres bewegt sie sich, wird geschoben und gezogen, raschelt, wispert, klickert. Liegt man auf dieser Kieselsteinbank, die ein paar hundert Meter lang ist, spürt, wie sich das Meer in den Steinen bewegt, und hört die Geräusche, fällt man in eine andere Welt, losgelöst von Zeit und Raum. Die vollkommene Massage. Nach einer Weile fühlt es sich an, als schwebe man in diesen sanften Klickertönen.

Ein Augenschmaus war die Kieselsteinbank in einem Flüsschen vor Ouarzazate in Marokko. Ich hatte mich an den Rand des ausgetrockneten Flussbetts gesetzt und die Augen geschlossen. Als ich sie wieder öffnete, stand die Sonne tief im

westlichen Himmel und brachte alle Quarzkiesel zum Leuchten, Schimmern, Strahlen. In allen Farben leuchteten die Kiesel auf und schrieben eine unauslöschliche Erinnerung in mein Hirn. Ich war vollkommen glückselig.

Die Massai lassen gelegentlich von einem Zauberer ein Ritual ausführen, in dem Kieselsteine befragt werden. Begleitet von Trommeln und Gesang wirft der Zauberer eine Anzahl Steine, die er selbst bestimmt. Aus der Art, wie sie fallen und wie sie zusammenliegen, liest er die Zukunft der Dorfgemeinschaft, die ihn gerufen hat.

Den Hethitern waren Kieselsteine heilig. Ihre Orakel machten sie mit den kleinen Steinen aus dem Fluss, um herauszufinden, was das Schicksal mit ihnen vorhat. Steinmonumente und Steinheiligtümer wurden überall auf hattischem und hethitischem Gebiet in Anatolien in der Türkei gefunden. Es gibt Zauberrituale der

Zauberin Allaiturahe, die auf Tontafeln beschrieben sind. So nahm sie die Kieselsteine, warf sie ins Feuer und aus der Art, wie sie zersprangen oder heil blieben, las sie das Orakel.

Auch für die babylonische Göttin Ishtar ist ein Opferritual mit Kieselsteinen auf einer Tontafel beschrieben. Ihr wie auch der hethitischen Göttin Sawuska wurden Krankheiten und Leiden oder Nöte anvertraut. Dazu wurde an einer Quelle oder einem Bergbach eine Figur der Göttin aus Stein, Lehm oder Holz hergestellt. Sie wurde mit roter und blauer Wolle umwickelt und so die Krankheit oder das, was man loswerden wollte, mit eingewickelt. Die Figur der Göttin schmückte eine Kette aus Steinperlen. In den Bach wurden ein kleines Stück Silber und sieben Kieselsteine geworfen, um den Abwehrzauber zu bekräftigen. Die sieben Kieselsteine stehen womöglich für die siebenfache Berg- und Steingottheit.

MYTHEN RUND UM DIE STEINE

Märchen, Sagen, Legenden

Im Binntal, im kleinen Bergort Binn, steht am Rand des Dorfwegs, der zum Hotel Ofenhorn führt, ein Steinklotz. Vor langer Zeit wurde in diesen Stein eine Schale eingerieben. In der Jungsteinzeit war der Ofenhornpass ebenso wie der Albrunpass eine beliebte Verbindung zum heutigen Italien. Keltische Funde auf dem kleinen Hügel, der sich oberhalb der Binna erhebt, weisen eine Besiedlung von rund dreitausend Jahren nach. So kann der Schalenstein ein keltischer Kultstein gewesen sein. Die Schale im Stein enthält immer Wasser. Ob jemand dieses Wasser einfüllt oder ob es vom Himmel fällt, weiß eigentlich niemand. Niemand hat sich jedenfalls dazu bekannt, das Wasser nachzufüllen, als ich fragte. Es heißt: Wenn das Wasser im Schalenstein vertrocknet, ist das Ende der Welt nahe.

In den Mythen der Alpen sind die sogenannten Venediger Manndl untrennbar mit den Steinen verbunden. Die Venediger waren sagenhafte Wesen, die wohl schon früh den Wert und die Bedeutung der Steine und Erze in den Alpen kannten. Vermutlich waren diese mythischen Gestalten, deren Sprache die Menschen in den Alpen nicht kannten, die fremdartig und seltsam wirkten, erfahrene Seeleute, die in Venedigs bedeutendem Hafen an Land gegangen waren. Auf ihren Reisen hatten sie Steine, Gold, Mineralien, Silber, Kupfer gesehen und wussten, wo man danach suchen musste. Sie werden in den Sagen als kleine, seltsam aussehende Männlein, oft mit einem eisgrauen Bart beschrieben. Nun ist ja in den abgelegenen Bergdörfern alles Fremde seltsam und jeder fremde Mensch Sensation, Abwechslung und Bedrohung zugleich. Da verwundert es nicht, dass so

ein Männlein Aufsehen erregt, das sich am Fels, am Berg, in Höhlen zu schaffen macht, Steine und Erze herausschlägt und mit seiner Last wieder fortzieht, ohne mit den Bergbewohnern zu essen oder bei ihnen zu übernachten.
Heute weiß man nicht nur um den Wert von Steinen und Erzen, die Besitzverhältnisse sind auch straff geregelt. So kommen eher keine kleinen Männlein aus Venedig daher, um Steine abzubauen, vielmehr gehen Europäer nach Afrika, um dort Gold, Diamanten, Coltan und andere seltene Erden und Erze zu rauben.
Die Menschen in den Alpen begriffen gar nicht, was ihnen von den Mineralienexperten in alter Zeit abgenommen wurde. So spottete ein Venediger: »Die Steine, die ihr nach den Kühen werft, sind mehr wert als alle Kühe zusammen.«
Manchmal belohnten sie die Hilfsbereitschaft einer einheimischen Bäuerin oder Magd. So ging einmal ein Venediger zu einem entlegenen Bergbauernhof, um sich etwas Nahrung zu erbitten. Die Bäuerin schickte ihn fort, aber die Magd folgte ihm in den Wald und brachte ihm Brot und Milch. Er gab ihr zum Dank ein paar Steine, eingewickelt in ein Tuch.
»Es ist besser, wenn du niemandem von diesem Geschenk erzählst«, sagte er. Die Magd bedankte sich artig, dachte aber: Was soll ich mit den Steinen? Doch sie nahm sie zum Andenken mit nach Hause. Das Männlein eilte bergab und war bald verschwunden. Als die Magd am Morgen das Tuch öffnete, lagen da lauter Goldklumpen. Weil sie klug war, sagte sie nichts von ihrer Begegnung mit dem Venediger, machte sich jedoch sogleich auf den Weg nach Venedig, wo sie das Gold verkaufen und fortan lustig leben konnte.
Venediger Manndl, aber auch Salige Frauen, Salwarie, also die wilden Frauen der Dolomiten, und Truden, die früheren keltischen Druidinnen, werden mit wertvollen Steinen und Schätzen in Verbindung gebracht. Das liegt sicher daran, dass sie in der Wildnis zu Hause sind, sich mit Pflanzen, Mineralien, mit den Elementen und den Tieren auskennen. Das war für die Bevölkerung der Dörfer schon immer ein wenig unheimlich und bedrohlich und so ist zu erklären, dass all diese Frauen als Hexen verfolgt wurden. Es kann jedoch auch noch andere Gründe dafür geben: Sie besaßen wertvolle Steine und Erze, an denen auch die Kirche sehr interessiert war.
In Südtirol gibt es die sagenhafte »Rajeta«, die Krone des Fanesvolks, mit dem

Wunderstein Ey de Net, was vielleicht so etwas wie Auge der Nacht bedeutet. Er gehörte den Fanes, dem kleinen Volk der Dolomiten, und sie bestimmten, wem sie ihre Schätze geben oder wen sie damit ins Unglück stürzen wollten. Die sagenhafte Dolomitenkönigin Dolasilla wurde mit dieser Faneskrone mit dem Ey de Net, dem blauen Edelstein, gekrönt.
Heute werben Wellnesshotels mit der schönen Dolasilla und ihrer Faneskrone.
Im Silbersee soll noch ein großer Schatz dieser kleinen Leute liegen, ähnlich dem Schatz des Alberich, Zwergenkönig der Germanen, der noch heute von Abenteurern und Wissenschaftlern gesucht wird.

Die »kleinen Leute«, die Zwergenvölker, werden überall auf der Welt mit sagenhaften Steinen in Verbindung gebracht. Der Sage nach leben sie in Erdhöhlen und kennen die Steine und Erze sehr genau. Schon möglich, dass die sogenannten Zwerge in Wirklichkeit einer Urbevölkerung angehören, die sich in die Berge flüchtete, um sich der Verfolgung durch die Kirche zu entziehen. Denn während im frühen Mittelalter Nonnen und Mönche sich noch mit den Kräuter- und Steinkundigen austauschten, wurden diese während der Inquisitionszeit als Ungläubige verfolgt und getötet. Hildegard von Bingen hatte in ihrer Klause im Wald Kontakt mit den »wilden« Menschen und lernte von ihnen, wie mit Kräutern und Steinen geheilt werden kann.
Der Rosengarten in den Dolomiten ist Wohnort der sagenhaften Faneskoniginnen. Es heißt, dass das Volk der Fanes matriarchal geordnet war, die Königinnen wie z.B. Donna Kenina, Donna Priol, Dolasilla regierten das kleine Volk, unterstützt von den wilden Frauen, den Anguane, den Bregostene, den Salwarie. Sie hüteten die Steine als ihr Heiligtum und schenkten sie gelegentlich den Menschen, die sie für etwas belohnen wollten. Die Fanes galten als friedfertig und

freundlich und wurden oft durch Bienen repräsentiert – ein Hinweis auf ihre matriarchale Kultur, denn die Verbindung von Bienen und Frauenvölkern gibt es z. B. auch in Mykene, Lesbos, Malta oder in Westafrika.

Von Dolasilla, Königin der Fanes, des Zwergenvolks im Rosengarten der Dolomiten, wird erzählt, dass sie von einem mutigen jungen Krieger den kostbaren »Ey de Net«, einen blauen Edelstein, bekam, den sie in ihrer Rajeta, ihrem Kopfschmuck, trug. Solange sie den Stein trug, war sie die Gebieterin über das Zauberreich der Fanes. Doch die Rajeta ist verschollen, das Reich der Fanes untergegangen. Nur wer in besonderen Nächten mit großer Feinfühligkeit durch den Rosengarten steigt, kann noch etwas erahnen oder erspüren von diesem einst so wunderbaren Ort.

Die Geschichten der Steinköniginnen in den Dolomiten enden leider oft tragisch. So auch die der Königin Tanna. Halb Mensch, halb Stein regierte sie im Reich der Felsen. Eines Tages, als sie gerade eine Steinlawine ins Tal werfen wollte, sah sie einen Hirten mit seinen Schafen. Sie hatte Mitleid mit ihm und stoppte die Steinlawine. Er bedankte sich überschwänglich bei ihr und sie verliebte sich in ihn, ein Gefühl, das sie vorher – halb aus Stein – gar nicht gekannt hatte. Auch er war ihr sehr zugetan. Er bat sie, ihn zu heiraten. Begeistert willigte sie ein, doch musste sie noch Abschied von den Steinen nehmen. Er beschrieb ihr den Weg zu seiner Hütte. So trennten sie sich. Als sie sich verabschiedet und seine Hütte gefunden hatte, war jedoch bei den Menschen eine sehr lange Zeit vergangen. Der Hirte war nun schon verheiratet und erkannte sie nicht mehr. Tanna zog sich zurück in ihre Felsen, doch nun erkannten diese sie nicht mehr als Königin an. Lange Zeit lebte sie in der Zwischenwelt, eine menschliche Frau konnte sie nicht sein, doch war sie auch keine Steinkönigin mehr. Als jedes Gefühl in ihr erloschen war, nahmen die Felsen sie wieder auf und sie wurde wieder ihre Königin. Die Erinnerung an den Hirten, an die Menschen war in ihr verblasst und sie dachte nicht mehr daran, sie zu schützen, wenn sie Steinlawinen ins Tal schleuderte. Diese Geschichte sagt viel über die elementare Welt, über die Rhythmen der Natur aus, die zu allen Erdzeiten aufgebaut und zerstört haben, ohne sich um die Menschen zu kümmern.

In der hethitischen und hattischen Mythologie sowie in indischen, nepalischen, pakistanischen Bergregionen im Himalaya sind Berge und Felsen Göttinnen zugeordnet. *Ishtar*, die im Anatolien der Frühzeit auch *Sawuska* heißt, ist ursprünglich die Berggöttin, Hüterin der Felsen, der Steine und der nährenden Erde. Die hethitische Erdgöttin *Hebat* verkörpert sich in Felsen und Bergen ebenso wie *Inar*, die hethitische Göttin der Wildflur. *Allani*, die hattische Göttin der Unterwelt, gebietet über die unterirdischen Erze und Felshöhlen. Der Unterweltsbegriff muss hier ganz anders definiert werden: zurück in den Schoß der Erde, in die Dunkelheit ihrer Höhlen, in die nährende Kraft ihrer Erze. *Maliya*, die Flussgöttin, symbolisierte den Hethitern die bunte schillernde Welt der Flusskiesel. Im Himalaya verkörpert *Annapurna* die nährende Göttin, *Sagarmatha* (heute Everest genannt) die Urmutter. *Ama Dablam* hütet die Schätze und *Ätna*, die Feuergöttin, spuckt in Süditalien Lava und Feuer, ebenso wie die japanische *Fuji* – weltweit sind die meisten Vulkane weiblich oder beherbergen Göttinnen wie in Hawaii die Vulkan- und Feuergöttin *Pele*, die es liebt, wenn man ihr Kämme opfert, dann wirft sie ihre Haare aus dem Vulkan, die zarten Glasfäden, die in der Hitze aus dem Sandgestein gesponnen und ausgespuckt werden. Die australischen Schöpfungsschwestern, die Wondschinas, flogen über die Erde und ließen aus ihrer Vulva Erde, Steine, Pflanzen und Tiere fallen – so begann das Leben auf der Erde. Wie es enden kann, erzählt der griechisch-römische Mythos der *Medusa*, einer der Gorgonenschwestern. Sie war so wunderschön und so grauenhaft anzusehen, dass alle Männer, die sie betrachteten, zu Stein erstarrten. Die galizischen *Meigas*, die weisen Frauen, verbündeten sich gern mit Steinen und verbanden sich mit dem uralten Wissen in ihnen. Sie bezogen und beziehen ihre übernatürlichen Kräfte von Steinen und sind bei der Bevölkerung sehr beliebt.

Weise Frauen hatten oft starke Steine als Verbündete, mit denen sie heilten und zu Kraft kamen. So gab es in Boscastle in Südengland eine Heilerin, die mit ihrem Fannystone, mit ihrem Vulvastein, heilen konnte. Undankbar, wie Menschen oft sind, ließen sie sich zwar von der Frau heilen, denunzierten sie jedoch als Hexe, als die Kirche mit den »Ungläubigen« aufräumte. So wurde die Heilerin verbrannt und ihr Fannystone landete im Hexenmuseum von Boscastle. Vor einigen Jahren nun ließ ein Unwetter einen kleinen Bach oberhalb von Boscastle derart anschwellen, dass aus ihm ein reißender Fluss wurde, der das halbe Hexenmuseum und mit ihm den Fannystone ins Meer spülte.
Die Spaadisir der germanischen Mythologie waren weissagende Göttinnen, ähnlich den Nornen. Das Besondere an diesen göttlichen Frauen war, dass sie tatsächlich als Frauen unter den Menschen lebten und ihnen helfen konnten – wenn sie es für richtig hielten. Diese Spaadisir, die auch den Disen, den weissagenden Frauen, verwandt sind, lasen aus Steinen, aus den Adern und Fasern von Feldsteinen und aus Kristallen.
Dass Kristalle als weissagende Steine gelten, findet sich in vielen Mythen über sogenannte Hexen, über weise Frauen und Truden/Druidinnen. Besonders im keltisch-germanischen Raum waren die Kristalle die magischen Steine der Seherinnen. Es gibt auch Schmuckstücke und Kultklingen aus Kristall und Quarz aus der Steinzeit, was darauf schließen lässt, dass Kristallen große magische Kraft zugesprochen wurde.

Viele Sagen und Mythen beschäftigen sich mit Steinen, die der Teufel geworfen haben soll, auf denen er seinen Tritt hinterlassen hat. Diese Verbindung des »Bösen« mit Steinen rührt daher, dass den alten Völkern überall auf der Welt Steine heilig waren, dass Steine die Zeiten und Ereignisse überdauern und als unsterbliche Zeugnisse alter Kulturen überall an vorchristliche Kulturen erinnern. Schalensteine werden so zu Teufelssteinen, das Steinlabyrinth im Bayrischen Wald wird zum »Steinernen Kirchlein«, Dolmen und Steinkreise werden zu »Hexentanzplätzen«. Erst mit der neuen spirituellen Bewegung, die es versteht, die Mythen und Manipulationen zu umgehen, wird den alten Steinplätzen wieder Verehrung und Respekt entgegengebracht.

In Stonehenge in Südengland wurden durch die neuere archäologische Forschung wieder Sagen lebendig, die sich mit der heilenden Wirkung der Steine beschäftigen. Der Archäologe Parker Pearson entdeckte nicht nur das Grab eines jungen Mannes aus den Alpen, der mit kostbaren Beigaben begraben wurde, sondern auch das Grab einer Heilerin, die mit Kräutern, Steinen und Amuletten zur letzten Ruhe gebettet wurde. Die »Heilerin von Stonehenge« gibt dieser Anlage neue Bedeutung. Womöglich handelte es sich bei Steinkreis und Holzkreis (wood henge) nicht nur um einen astronomischen Bau, sondern auch um einen Kult- und Heilort.

Auch wenn die Steine uralte Verbündete der Menschen sind, so wurden sie in christlicher Zeit mit Verbrechen und Strafe in Verbindung gebracht. Unzählig sind die Sagen, in denen von Frau Lot bis zum Watzmann und seiner Familie Menschen versteinert wurden, entweder weil sie den Anblick eines schrecklichen Geschehens nicht ertragen konnten, weil sie Schuld auf sich geladen hatten oder weil sie tanzten und musizierten wie der »blind fiddler«, der blinde Geiger, der als Menhir auf einem Feld in Cornwall steht. Er soll die Frauen beim Tanz belauscht haben und von ihnen versteinert worden sein. Ähnliches trug sich bei den »merry maiden« zu, einem Steinkreis ebenfalls in Cornwall. Neunzehn Mädchen sollen hier in Steine verwandelt worden sein, weil sie sich am heiligen Sonntag tanzend vergnügt hatten.
Sogenannte Hexentanzplätze gibt es in den Alpen genug – Orte, an denen die Hexen ihre Feste feierten und versteinert wurden. Auch »Frau Hütt« oberhalb von Innsbruck war der Sage nach eine Edelfrau, die versteinert wurde. Sie soll sehr reich gewesen sein. Eines Tages kam eine arme Frau zu ihr und bat sie, ihr zu helfen. »Hilf dir selbst!«, soll Frau Hütt höhnisch gerufen haben. Doch die arme Frau war eine Zauberin. Es tat einen Schlag und Frau Hütt, ihr Schloss und ihre ganze Familie waren versteinert.
Über eine Sage der finnischen Sami lohnt es sich, länger nachzudenken. Ein armer Mann begegnet im Gebirge einem Troll. Er hat vor dem Troll Angst, doch dieser ist ganz freundlich. Der arme Mann erzählt von seinem Schicksal und der Troll erbarmt sich und schenkt ihm einen Beutel. In diesem Beutel sind lauter Steine.

Der arme Mann weiß zwar nicht recht, was er mit diesem Geschenk anfangen soll, doch bedankt er sich artig. Da sagt der Troll: »Mit diesem Beutel wird deine Armut ein Ende haben. Doch ich warne dich, wenn du mich jemals wiedersehen solltest, sprich mich nicht an, sonst ist dein Glück vorbei.«
Das erscheint dem armen Mann zwar seltsam, aber nicht wirklich problematisch. Er ist einfach froh, dass sein Elend ein Ende haben soll. Er verspricht es und bedankt sich herzlich. Und tatsächlich – als er nach Hause kommt und in den Beutel schaut, sind lauter Goldstücke darin. Nun lebt er ein fröhliches Leben, fast schon hat er die Begegnung mit dem Troll vergessen. Eines Tages geht er ins Wirtshaus und – da ist der Troll. Er schleicht von Tisch zu Tisch und schüttet die Reste aus den Bechern und Gläsern in seine Flasche. Der Mann wundert sich. Er geht zum Troll und grüßt ihn. »Es kam alles, wie du es gesagt hast, ich lebe gut und bin dir dankbar. Doch warum sammelst du die Reste aus den fremden Gläsern, wenn du Steine zu Gold machen kannst?« Da durchfuhr ihn ein Schreck. Er erinnerte sich an die Warnung des Trolls. Zu spät. Der Troll verschwand einfach vor seinen Augen. Als er nach Hause kam, war der Beutel mit dem Gold nicht mehr da. Nun ging es bergab mit ihm. Er begann zu spielen, verspielte alles, was er hatte, und war schließlich ärmer als zuvor.

Als ich mit Schweizer Freundinnen einige Tage im Tessin verbrachte, machten wir abends einmal einen Spaziergang, weil die Nacht so still und dunkel war, um uns die Sterne anzusehen. Wir standen vor einer Felswand, da ging mitten in der Wand ein Licht auf. Wir versuchten zu ergründen, woher das Licht kam. Da war kein Mensch. »Das wird eine kleine Hütte sein«, meinte eine der Frauen. Nachdem wir gerufen und mit einer Taschenlampe hinaufgeleuchtet hatten, standen wir einfach da und staunten. Ein kleines Licht in einer sehr dunklen Nacht an einer Felswand. Am nächsten Morgen gingen wir noch einmal zu der Wand. Sie ragte senkrecht in den Himmel und war aus sehr brüchigem Stein. Licht aus einer Hütte? Wir mussten lachen. Und niemand hätte dort klettern oder biwakieren können. Wir nannten es das »Feen-Licht«.
In Südtirol gibt es viele Steinplätze, die den »Bregostene«, den wilden Frauen, den »Streghe«, den Hexen, gewidmet sind, Hexentanzplätze in den Dolomiten,

der Hexensitz bei Laas in Südtirol, die »Eislöcher« bei Eppan, die man in den Volkssagen auch gern den Hexen anrechnete. Da kommt es so kalt zwischen den Steinen hervor, dass es im Volk hieß, der Ort sei verzaubert. Heutzutage gibt es eine natürliche Erklärung dafür: Das Eis der Moränen, das in der Tiefe liegt und von Felsen und Geröll bedeckt ist, schickt die kalte Luft hinauf. Doch das kümmert die Menschen nicht. Steht man an den Eislöchern und berührt die eiskalten Felsen, nur wenige Meter neben der heißen Sommerluft, dann bleibt von der rationalen Erklärung nicht mehr viel übrig. Es ist faszinierend und unheimlich zugleich.

In der Nähe von St. Michael in Eppan gibt es ein steinernes Naturphänomen, ein Plateau, in dem vermutlich in frühen Zeiten Schalen und Dreiecke eingraviert wurden, um die natürliche Zeichnung des Steins zu betonen und vermutlich auch zu feiern. Das Plateau läuft in einem »Rutschstein« aus, einer Felsrutsche, auf der in der Vergangenheit Frauen hinunterrutschten, die schwanger werden wollten. So wurde deshalb auch die Gleifkirche neben diesem Steinplateau errichtet, um das heidnische Treiben in christliche Bahnen zu lenken. Viel genutzt hat es, glaube ich, nicht. Die Schriftstellerin Alexandra von Hellberg, die in der Gegend aufgewachsen ist, führt regelmäßig Gruppen an die magischen Orte Eppans, wo dann gesungen, getrommelt und gefeiert wird. Es gibt dort auch einen steinernen Göttinnensitz, von dem eine sagenhaft urtümliche Kraft ausgeht.

Dass Steine und Felsen besondere Kräfte haben, kann man in vielen Sagen der Bretagne, Cornwalls und des Alto Alentejo lesen. Der bretonische Steinkultort La Roche aux Fees, ein langer Steinkorridor, der mit schweren Decksteinen bedeckt in einer großen Kammer endet, soll einer Sage nach in einer Nacht von Frauen errichtet worden sein. Und auch um Zambujero in der Nähe von Évora in Portugal ranken sich ähnliche Sagen. Diese Anlage, die Archäologen als Grabkammer bezeichnen, besteht aus einem langen Gang, der in einen runden Raum mündet. Die Steinquader sind etwa sechs Meter hoch, die Decksteine, mittlerweile abgestürzt, von einer Dimension, die es fast unmöglich macht, sich vorzustellen, dass sie einmal über den Steinwänden lagen. Die Quader der Wände wurden aus vier Himmelsrichtungen aus einer Entfernung von rund achtzig Kilometern hergeschafft. Die Steinbrüche wurden gefunden, wie sie ausgebrochen und bearbeitet und vor allem wie sie transportiert wurden, ist nicht bekannt. Das Gelände ist hügelig und auch heute schwer zugänglich, von Klüften und kleinen Flüssen durchzogen. Es heißt, Zauberinnen hätten diese Steine bewegt, und der Mythos entstand sicher auch durch die Schieferplatten, auf denen abstrakte Frauendarstellungen eingraviert sind. Hunderte wurden gefunden.

Die Gier nach kostbaren Steinen ist Grundlage vieler Sagen und Mythen, in denen umkommt, wer sich rücksichtslos dieser Schätze der Erde bedient oder zu viel besitzt. Schon im Gymnasium mussten wir uns mit dem Schicksal des Polykrates beschäftigen, der einen Ring mit einem sehr wertvollen Stein besaß. Er pries einem Gast gegenüber sein glückliches Leben und seinen Reichtum, bis der Gast meinte, um das Schicksal nicht herauszufordern, solle er jetzt wohl besser seinen wertvollen Ring opfern. Polykrates wirft den Ring ins Meer. Doch sein Opfer wird nicht angenommen. Der Fisch, den der Koch zubereitet, hat zum Entsetzen des Gastes den Ring im Magen. Ich würde meinen: Der Stein wollte eben da bleiben, wo er war. Doch der Gast verließ fluchtartig seinen Gastgeber, er hielt es für ein fatales Zeichen des Schicksals.
Besonders dramatische Geschichten werden von Diamanten erzählt. Exemplarisch ist die Legende, die sich um den Hope-Diamanten rankt. Er soll in Indien aus dem Auge einer Hindugöttin gestohlen und nach Europa gebracht worden sein, wo er dem Mythos zufolge dreiundzwanzig Menschen das Leben kostete. Ludwig XIV. in Frankreich besaß den blauen Diamanten und vererbte ihn an seine Nachkommen. Ludwig der XVI. trug ihn und starb mit seiner Frau Marie Antoinette auf dem Schafott. Abdul Hamit, der den Diamanten ebenfalls besaß, wurde von Aufständischen umgebracht. Der Diamant schien seinen BesitzerInnen kein Glück zu bringen. Evalyn Walsh, die ihn ebenfalls trug, verlor ihren Mann bei der Jungfernfahrt der Titanic und ihr Kind starb bei einem Autounfall. Es war Harry Winston, der den geheimnisvollen blauen Diamanten schließlich dem Smithsonian Institut vermachte, wo er bis heute zu besichtigen ist.

In den magischen Ritualen und Kulten finden sich rund um den Erdball zu allen Zeiten Steine. Große, so genannte Megalithsteine, Menhire, und kleine,

Schmucksteine, Amulettsteine. In Sumatra und auf anderen Pazifikinseln hüten Wächterinnen, die aus Vulkanstein geschnitten wurden, die Gräber der Toten. Steinfiguren, die Tote bewachen, gibt es auch im Kongo, in Mali, in Nigeria und der christliche Brauch der Grabsteine ist eigentlich auch nur eine Fortsetzung der uralten Tradition, durch Steine die Toten nicht nur zu bewachen, sondern auch zu verhindern, dass sie wiederkehren. Sehr bekannt sind die überdimensionalen Wächterfiguren der Osterinseln. Weniger bekannt sind die Steinmauern, die von Inka-Steinmetzen mit deren Motiven graviert und behauen wurden – ein Beweis dafür, dass Inkaschiffe übers Meer gesegelt und es bis zu den pazifischen Inseln geschafft haben.

Dass Menhire aufgestellt wurden, könnte dieselbe Bedeutung wie die Stäbe im

Schamanismus haben. Der Stab steht für die Verbindung zwischen Himmel und Erde. Jede Schamanin, jeder Schamane besitzt einen Stab, der diese Verbindung für sie/für ihn herstellt, er wird mit persönlichen Symbolen geschmückt, Muster und Bilder werden eingeritzt. Auch Menhire haben oft Gravuren. So finden sich Doppelspiralen, Kreise, Dreiecke, Pfeile und Wellenlinien in Menhiren und magischen Steinen in England, Frankreich, Spanien, Portugal, auf Sardinien, Korsika, auf den Balearen und auf den Kanaren, aber auch in Afrika und in Asien. Es gibt Steine mit Gesichtern, wie in Filitosa auf Korsika, und Steine, die Frauenkörpern nachempfunden sind, wie z. B. in Anatolien, in Malta und Syrien.
Um die Steinmanndl im Sarntal in Südtirol ranken sich auch verschiedene Mythen. Niemand weiß, wann diese Steinskulpturen entstanden, die aus einzelnen

Steinplatten bestehen, die aufeinandergeschichtet zu Dutzenden auf der Hochebene stehen. Sind es versteinerte Menschen, die sich »versündigt« haben? Sind es magische Figuren, mit denen vorchristliche Menschen ihre Rituale feierten? Der Ort jedenfalls gilt als verzaubert. Bis heute werden dort Rituale gefeiert. Die Menschen, die vorbeikommen, legen einen Stein auf eine der Figuren, weil das Gesundheit und Glück bringen soll.

Ein heiliger Berg des Alpenraums ist der Untersberg im Berchtesgadener/Salzburger Land. In seinen Höhlen leben der Sage nach die Kleinen Leute. Auch Karl der Große wird immer wieder dort vermutet, der am Ende der Welt aufwachen und zur großen Schlacht reiten wird. Der Untersberg beherbergt das »Wilde Gjaid«, also die Wilde Jagd. Die vielen Höhlen und die Menschen, die dort verschwunden sind, machen ihn vielen Menschen unheimlich. Die AlpenschamanInnen dagegen treffen sich dort regelmäßig, um ihre Kraft zu erneuern und mit den Wesen der Anderswelt Kontakt aufzunehmen.

In Deutschland gibt es noch weitere mythische Felsen und Berge, die das Wohl oder den Untergang des Volkes beeinflussen sollen. Der Hörselberg bei Eisenach in Thüringen soll zum Beispiel die Göttin Venus beherbergen. Die Externsteine nahe Bad Meinburg im Teutoburgerwald, so berühmt wie berüchtigt, weil dort oft Neonazirituale stattfinden, gelten als magisches Zentrum Deutschlands (Teutonen!). Ein Wackelstein und ein gegenüberliegender Steinsitz beflügeln die Fantasie. Die Externsteine sollen einmal ein germanisches Heiligtum gewesen sein. Beweise gibt es dafür nicht. Allerdings fanden sich aus der Altsteinzeit Pfeilspitzen und andere Objekte. Auf jeden Fall sind die Externsteine heute beliebter Anlaufpunkt für Sonnwendfeiern aller Art.

In Kleinasien gab es keinen Zweifel, dass Felsengötter und Steindämoninnen in den Bergen hausten, ja durch Berge und Steine verkörpert waren. »Der Glaube an die große Bergherrin war nicht nur in Vorderasien, sondern auch in weiten Teilen der mediterranen Welt und in Gebieten Eurasiens verbreitet«, schreibt der Hethiterforscher Volkert Haas in »Hethitische Berggötter und hurritische Steindämonen«. Interessanterweise bezieht sich der Titel auf männliche Götter und Dämonen, während sich das Buch aber hauptsächlich mit Göttinnen und Bergdämoninnen befasst. »Die Bergherrin aber ist nur eine Erscheinungsform der

Muttergöttin«, schreibt er im Kapitel der Bergmütter, »die sich in der thronenden Würde des Berges manifestiert.«

Ein roter Stein, genannt Kueka Abuela, der Pémon-Ureinwohner Venezuelas sorgt gerade für Aufregung. Der Künstler Wolfgang von Schwarzenfeld soll diesen riesigen, fünf Meter langen tonnenschweren Brocken 1997 illegal außer Landes gebracht und ihn in Berlin als Kunstwerk aufgestellt haben. Nun fordern die Pémon ihren Stein zurück. Sie sehen in ihm ein göttliches Wesen, das für Harmonie und Nahrung der Pémon sorgt. Seit er gegen den Willen der Indianer entfernt wurde, gab es viele Überschwemmungen, bei denen auch Menschen starben. Schwarzenfeld nennt sein Global Stone Project eine Friedensarbeit. Am 21. Juni 2012 sollte zwischen all den verschiedenen von ihm aufgestellten Steinen Lichtverbindung entstehen, doch ist die Friedensabsicht offenbar gescheitert. Der Kueka-Stein ist den Pémon so heilig, dass sie ihn nicht einmal berühren dürfen.
Auch die australischen UreinwohnerInnen haben mit Westeuropäern, weißen Australiern und Amerikanern schlechte Erfahrungen gemacht. Ihr heiliger Stein, der Uhuru nahe Alice Springs, ist für sie der empfindliche Nabel der Welt, der selbstverständlich nicht betreten werden darf. Das kümmert die Tourismusindustrie nicht. Seit Jahrzehnten trampeln die Schaulustigen auf diesem heiligen Stein herum, nennen ihn Ayers Rock und beschweren sich auch noch, wenn sie abstürzen oder sich verletzen. An diesem roten Felsen, der unterirdisch mit Kata Tjuta verbunden ist, hängt für die UreinwohnerInnen das Wohlergehen der Klans.
Wer die heiligen Tjurungas und die Felszeichnungen der Aborigines sieht, obwohl das ein Tabu ist, weil sie nur für die Medizinleute bestimmt sind, trägt mit zum Untergang der Ureinwohner bei. Davon unberührt wurden Tjurungas in Museen abgeschleppt und Felszeichnungen und Gravuren kopiert, fotografiert. Wer jetzt denkt, das seien doch nur Mythen, nichts als Märchen, das sei nur der Aberglaube der UreinwohnerInnen, muss sich nur die Wirklichkeit genauer ansehen. Die Welt der Aborigines, ihre Harmonie mit der Natur, ihr Gespür für die Anderswelten, ihre Songlines sind zerstört, ihre und unsere Mutter, die Erde, wird aufgerissen, ausgebeutet, vergiftet. Alles nur Mythos?

SCHMÜCKENDE STEINE

Schönheit, Schutz und magische Verstärkung

Schon in der frühesten uns bekannten menschlichen Kultur, als Menschen sich aufrichteten, um fortan auf zwei Beinen zu gehen und ihre Wirbelsäule zu ruinieren, wurden Steine als Schmuck verwendet. Zwar liegt die Vermutung nahe, dass der Schmuck immer auch Tauschware oder magische Verstärkung war, doch ging es, abgesehen von den magischen und praktischen Werten, immer auch um Schönheit. Wie oft uns Archäologen auch versichern, dass die Menschen der Frühzeit ein hartes Leben hatten, in dem es so gut wie immer ums Überleben, um Nahrung, um Feinde bekämpfen und töten geht – die Funde der Frühzeit sprechen eine andere Sprache: die der Schönheit, der Farben und Formen und der magischen Verstärkung. Mehrere Wochen, so rechneten Fachleute aus, brauchten wohl die Menschen der Altsteinzeit, um einen Stein zu formen und zu durchbohren. Mehrere Wochen, in denen sie mit den Geistern in Kontakt waren, die Schmuckstücke gestalteten und mit Energie aufluden.

Der Wert von Schmucksteinen beruht heute auf der Härte, der Farbe und Reinheit des Steins. So ist natürlich der Diamant der kostbarste Stein, gefolgt von Korund (Rubin) und Beryll (Aquamarin, Smaragd) und Saphir. Seit Menschengedenken ist auch Jade ein besonders beliebter Schmuckstein, vor allem in Asien, in China und Japan.

Härte und Reinheit waren nicht immer das Kriterium für gute Schmucksteine. In der frühen Geschichte der Menschen spielte die schöne Zeichnung eines Steins oder einer Versteinerung und wohl auch die Seltenheit des Objekts eine Rolle. Schmucksteine galten oft als heilige Steine bestimmter Gottheiten. Blaue

Steine wie Lapislazuli wurden zum Beispiel der Göttin Ishtar geweiht, rote Korallen symbolisierten Lebendigkeit, das Blut und weibliche Organe, Amazonite und Türkise die Kraft der Erde. Versteinerungen wurden gern als Opfergaben in Heiligtümern hinterlegt und faszinieren uns bis heute. Besonders teuer sind Insekten, die in Bernstein ihre Form bewahrt haben; sie werden gern als Anhänger getragen.

Die ältesten bisher gefundenen Steinperlen sind versteinerte Muscheln aus der Grotte des Pigeons in Marokko, die rund achtzigtausend Jahre vor unserer Zeit zu Schmuckperlen verarbeitet wurden. Je genauer archäologische Funde untersucht werden können, desto erstaunlichere Erkenntnisse tauchen auf. Und es sagt doch eigentlich mehr über uns aus, dass wir uns die Menschen der Altsteinzeit, die »Ur«-Menschen, wie unbeholfene Trampel vorstellen. Wir werden unser Bild der Ur-AhnInnen radikal verändern müssen, denn immer mehr Funde belegen, dass nicht der Kampf ums nackte Überleben, sondern eben auch Kunst, Schmuck und Kultur wesentliche Elemente des frühgeschichtlichen Lebens waren.

Oft wird auch behauptet, die frühen Menschen seien allesamt nackt herumgelaufen, doch wer einmal ein paar Wochen in der wirklich wilden Natur zugebracht hat, weiß, dass es ein großes Bedürfnis ist, den Körper irgendwie zu schützen, wenn Insekten, Kleintiere, Raubtiere in der Gegend sind. Wie soll man sich das auch vorstellen: primitive Affen, menschenähnlich, die allerdings die feinsten Schmuckstücke herstellen, wie zum Beispiel eine Kette aus Seelilienstengeln, die zusammen mit Muscheln und Knochen in der französischen Höhle Grotte du Renne ausgegraben und daher zweifelsfrei auf über dreißigtausend Jahre datiert werden konnten?

In der experimentellen Archäologie werden immer wieder Versuche gemacht, die Materialien zu verarbeiten, die den frühen Menschen zur Verfügung standen. So wurde errechnet, dass es mehrere Wochen zur Herstellung des Perlenschmucks gebraucht hat, mit dem ein Mädchen und ein Junge Kopf an Kopf in einem frühgeschichtlichen Grab in Sibirien bestattet waren (pro Kind viertausend bis fünftausend Muschelperlen und versteinerte Muscheln). Wo kann man das heute erleben? Man geht einfach in eine Boutique und kauft ein paar Ketten mit Plastikperlen made in Taipeh.

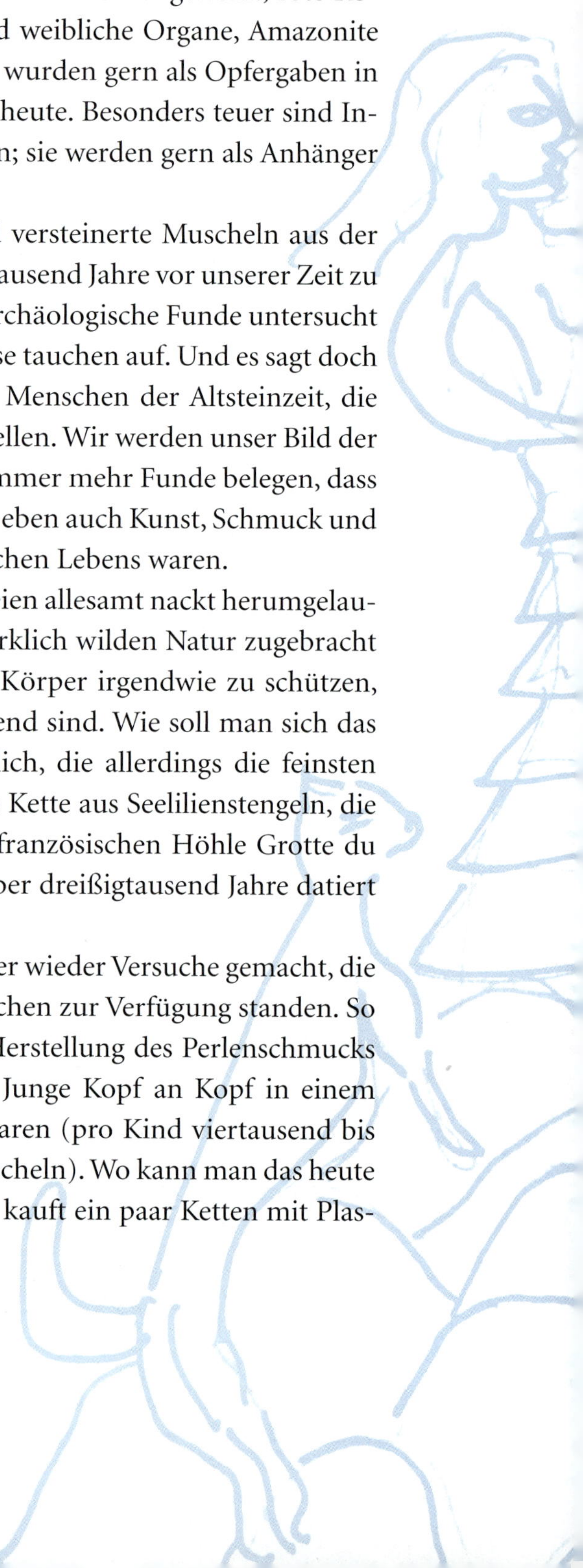

Für Schmuckperlen gibt es eigens Werkstätten, die sie herstellen und durchlöchern, denn der Vorgang des Durchbohrens einer Perle ist heikel: Sie kann brechen, der Bohrer kann brechen. Unsere UrahnInnen waren MeisterInnen der Schmuckherstellung. In Kenia, der Türkei und in Bulgarien wurden vor rund vierzigtausend Jahren ebenfalls die feinsten Perlen aus Speckstein, Bernstein, Kalkstein und anderen Materialien hergestellt, da muss man sich über eine fünfundvierzigtausend Jahre alte Venus vom Hohlefels nicht mehr wundern. In der Nähe ihrer Fundstätte, im Geißenklösterle auf der Schwäbischen Alb, wurden Steinperlen gefunden, die etwa zweiundvierzigtausend Jahre vor unserer Zeit hergestellt wurden. Lange Zeit galten sie als die ältesten überhaupt. Frauenidole aus Gagat mit einer Öse, um sie als Kette zu tragen, wurden am Petersfels ausgegraben, sie sind etwa fünfzehntausend Jahre vor unserer Zeit entstanden und gehören bereits zu einer jahrzehntausendealten Tradition, sich mit Frauenidolen nicht nur zu schmücken, sondern auch zu schützen.
In dieser Tradition stehen auch die Steinperlen und Idolfiguren aus französischen, italienischen und portugiesischen Höhlen und Grotten und ebenso die Steinfiguren und die Perlen aus Lepenski Vir, einer südeuropäischen Donaukultur, in der das Dorf, das Haus und die schützenden Figuren Frauenkörpern nachgestaltet wurden.
Wie in Lepenski Vir wurden auch im pakistanischen Mehrgarh, in Harappa und Mohenjo Daro Achat, Jaspis, Bernstein, Kalkstein, Karneol, Speckstein und einfacher Feldstein verarbeitet. In den pakistanischen Induskulturen wurden Muster in Karneole geätzt – bis heute weiß man nicht genau, wie. Lapislazuli und Türkis, Alabaster und Koralle wurden außerdem für Schmucksteine verwendet, manchmal sogar zu Tierköpfen oder Frauenköpfen geschnitzt. Aus marmorierten Steinen und Sandstein wurden Armreifen gearbeitet und auch Tierfiguren wurden seit frühester Zeit in allen Kulturen aus Stein geschnitten und geschliffen, besonders häufig Vögel, Bären, Fische und Löwinnen (der Kopf ist tatsächlich immer der einer Löwin, ohne Mähne).
Es lässt sich nicht mit Sicherheit sagen, warum Menschen Steine zu Schmuck verarbeiteten, doch wird das Bedürfnis nicht viel anders gewesen sein als heute: Die Kraft der Steine soll wirken, sie sollen schön sein und zugleich schützen, viel-

leicht sogar den Blick der Menschen ablenken, denn in magischen Traditionen geht es immer auch darum, den Blick von den Augen, vom Gesicht abzulenken. Ein Blick könnte Kraft rauben, könnte Schaden anrichten – Malocchio, der böse Blick. Je prächtiger also der Schmuck, desto mächtiger die Schutzfunktion.

Nicht alle Steine werden von allen Menschen als gleich angenehm oder schön empfunden. Die neolithische Hongshan-Kultur Chinas ist berühmt für ihre Stein- und Jadeobjekte und Schmuckstücke. Vor allem Frauen und Tiere wie Zikaden (glücksbringend), Schweine (Symbol für Nahrung und Wohlleben), Drachen (ebenfalls Glückssymbol) wurden in diesen kleinen Amuletten und Schmuckstücken dargestellt.

In Tibet wurden Steinperlen aus Nephrit gern mit weißen Linien verziert. Bis heute sind sie Schmuck und Amulett zugleich und mittlerweile unvorstellbar teuer. Den TibeterInnen sind sie vom Himmel gefallene Steine, die die Kraft der Urwesen enthalten. Diese Vorstellung gründet in der vorbuddhistischen Bönzeit, wo Erdgöttinnen, Drachen, Ungeheuer und Götter die Menschen beeinflussten.

Schmuck aus echten Mineralien und Steinen enthalten immer auch mystische Kräfte. Eine Freundin bekam von ihrem Liebhaber einen goldenen Ring mit einem Opal. Als sie ihn zum ersten Mal trug, hatte sie nachts einen Autounfall, bei dem sie beinahe starb. Sie gab mir den Ring und sagte: »Zum Wegschmeißen ist er zu teuer, vielleicht magst du ihn, du kannst ihn womöglich entschärfen.« Das konnte ich. Ich vergrub ihn in der Erde und merkte mir die Stelle. Nach ein paar Wochen fragte mich die Freundin, ob ich den Ring noch hätte. Ich grub ihn aus und gab ihn ihr. »Jetzt ist er unschädlich«, sagte ich. Der Opal wollte in die Erde. Das sagen auch die Aborigines in Australien. Opale leben tief in der Erde, wenn man sie dort herausreißt, verletzt man sie. Feinfühlige Menschen können diese Verletzung spüren. Schmuck mit Steinen ist eben immer mehr als nur Schmuck. Auch Schmucksteine, die eine Person getragen hat, mit der man einen Konflikt hatte, können als schädigend empfunden werden. Es gibt Menschen, die darauf schwören, dass solche Steine mit zerstörerischen Energien aufgeladen wurden und krank machen. So bekam eine Frau, die ich kenne, von ihrer Mutter den Familienschmuck, eine Aquamarinkette. Zwar liebte sie Aquamarine und fand die Kette schön, doch da sowohl ihre Großmutter als auch ihre Mutter an einer Krebserkrankung starben, verkaufte sie die Kette. »Bloß keine Sentimentalitäten«, murmelte sie, als ich sie fragte, warum sie sie verkauft hatte. Denn dass eine Aquamarinkette Krebs herzaubert, glaube nicht mal ich. Die Wirkung des Goldtopasrings einer Freundin dagegen lässt sich nicht so leicht entkräften. Sie hatte lange auf diesen sehr teuren Ring gespart, weil er ihr Glück bringen sollte. Als sie ihn schließlich gekauft hatte, kam sie mich einmal besuchen und klagte, dass der Ring angeblich zerstörerische Kräfte habe. Ich zerstreute ihre Bedenken, auch weil sie den Ring unbedingt behalten wollte. Dass sie kurze Zeit später starb, mag mit dem Ring nichts zu tun haben, brachte mich jedoch ins Grübeln.

Viele Ketten aus Indien, Nepal, Tibet oder Afrika, die ich meiner Schwester schenkte, »sprangen von ihrem Hals«, das heißt, die Ketten lösten sich auf, obwohl sie solide verarbeitet waren. Jetzt hat sie mir alle Steinperlen zurückgegeben: »Die sind nicht für mich.« Und tatsächlich müssen Schmucksteine zur Trägerin, zum Träger passen. Sehen sie auch noch so schön aus, wenn sie nicht passen, wenn sie sich sträuben, wird der magische Aspekt stärker als der schmückende.

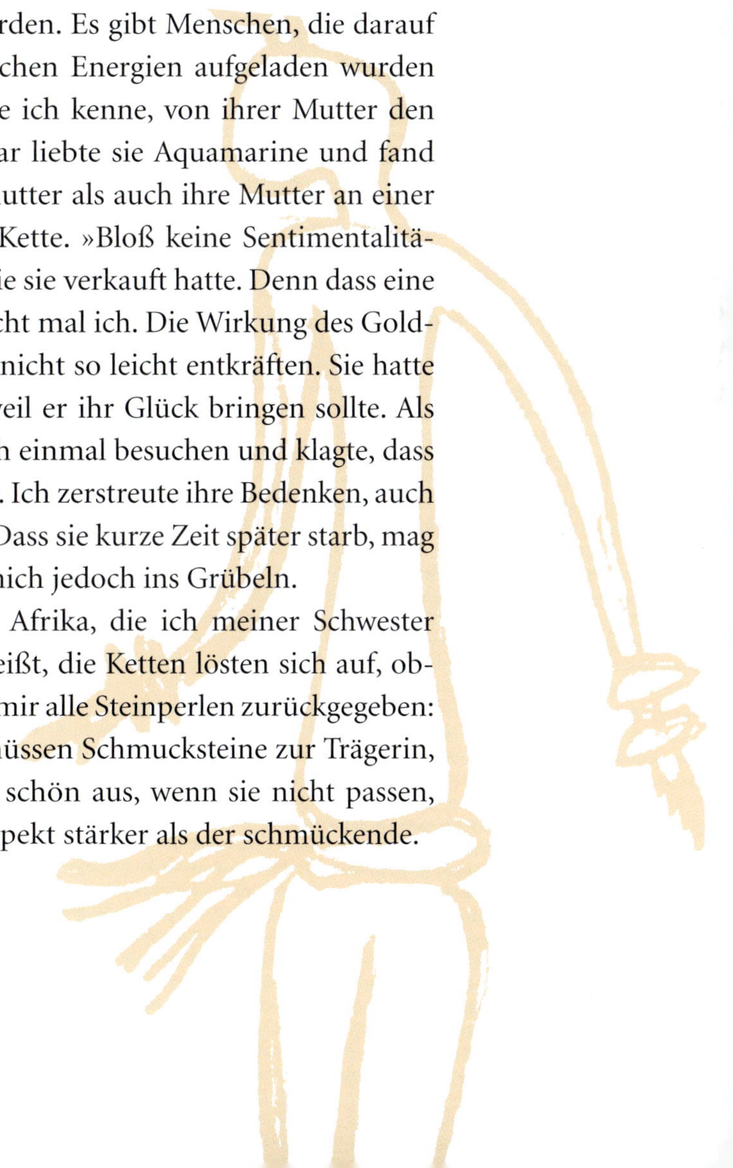

Auf dem Markt sind seltene Steine besonders teuer, zum Beispiel alte Korallen. Was rar ist, wird hoch gehandelt. Doch ist es gar nicht gesagt, dass sich eine Korallenkette unbedingt besser eignet als eine Karneolkette oder eine Achatkette, obwohl Karneole und Achate als weniger wertvoll gelten. Dabei ist auch der Vorrat an diesen Steinen nicht unbegrenzt und es gibt, wie schon beschrieben, bereits eine rege Produktion von Fälschungen dieser Steine.
Korallen gelten seit der frühen Menschheitsgeschichte als schützende Steine, weshalb man auch schon vor etwa dreißigtausend Jahren Korallenperlen, zum Beispiel als Grabbeigaben, findet. Auch Türkise, Bernstein, Achat, Karneol und Jaspis sind seit alten Zeiten sehr beliebt als schmückende, schützende und magische Steine – bis heute.
Während Schmucksteine in alten Zeiten, in der Antike und bis zum Mittelalter meist rund geschliffen in Ringe, Ketten oder Armbänder verarbeitet wurden, schleifen die Fachleute heute meistens eine Art Kristallschliff, um das Licht mehrfach zu brechen und so einen größeren Glanz zu erreichen. Der Brillantschliff, der im 19. und 20. Jahrhundert noch modern war, gilt heute als altbacken. Viele GoldschmiedInnen nehmen neuerdings Rohsteine für Ringe oder Ketten, Authentizität und die Kraft der Natur ist auch in der Schmuckherstellung immer wieder ein Thema.
Fast jede Frau besitzt ein Schmuckstück, zu dem eine Geschichte gehört, entweder ist sie auf besondere Weise dazu gekommen oder hat es verloren und wieder-

bekommen. Eine solche Geschichte erzählte mir Aischa. Ich war in Marokko mit Bussen unterwegs. Der Bus nach Ouarzazate hatte eine Panne und wir mussten warten. Aischa telefonierte mit ihrem Mobiltelefon einen kleinen Jungen herbei, der Tee und kleine Happen zu essen brachte. Wir saßen unter einem Arganier und ich bewunderte ihre Smaragdeidechse am Revers ihrer Jacke.

»Es war ein Hochzeitsgeschenk meiner Eltern«, sagte sie. Aha, dachte ich. Aber von wegen.

»Ich heiratete einen Mann, der spielsüchtig war. Er wohnte noch bei seinen Eltern. Ich wusste wenig von ihm, aber ich war so verliebt, dass mir alles egal war. Nach der Hochzeit fuhren wir zum Haus seiner Eltern. Unterwegs lauerten uns zwei Männer auf, denen mein gerade angeheirateter Mann Geld schuldete. Sie rissen mir die Smaragdeidechse vom Kleid. Ich kehrte um und ging weinend zu meinen Eltern zurück. Dann ließ ich die Hochzeit annullieren. Das ging, weil sie noch nicht vollzogen war. Meine Eltern bezahlten mir das Studium in Rabat. Ich studierte Ethnologie. Dann ging ich nach Paris. Dort arbeitete ich als Putzfrau. Eines Tages sah ich im Schaufenster eines Schmuckgeschäfts meine Eidechse. Ob es genau meine war, weiß ich gar nicht. Jedenfalls sah sie genauso aus. Sie war sehr, sehr teuer. Ich nahm einen zweiten Job an und sparte mir Geld zusammen. Ich kaufte mir die Eidechse als Symbol meiner Unabhängigkeit. Heute arbeite ich als Lehrerin.«

Eine meiner Lieblingsgeschichten handelt von einer Steinperlenkette: Ich besaß eine Aborigine-Kette aus bemalten Steinen, die ich allerdings nie trug. Bei einer »Wundertütenaktion«, die ich jedes Jahr für die Schule einer Freundin im Senegal veranstaltete, verkaufte ich diese Kette an eine Frau aus Frankreich, die von ihr ganz begeistert war. Als ich kürzlich in den Waschkeller ging, lag diese Kette, und zwar unverwechselbar diese – die Perlen sind auf besondere Weise verarbeitet –, auf einem Farbeimer. Ich bin seit der Wundertütenaktion umgezogen und hatte keinen Kontakt mehr zu dieser Frau, die ich auch nur flüchtig kannte.

Geburtstagsritual mit Schmucksteinen: Bitte all deine Freundinnen und Freunde, die dazu bereit sind, dir jeweils eine Schmuckperle für eine Kette zu schenken. Dabei sollen sie selbst entscheiden, welches ein guter Stein für dich ist. Am Geburtstag bringen alle die Steine mit und erzählen, warum sie gerade diesen Stein gewählt, wie sie ihn bekommen haben. Dann fädelst du die Steine auf eine Kettenschnur, ihr bildet einen Kreis und jede teilnehmende Person lädt die Kette jetzt noch mit einem schönen Wunsch auf.

AUSSERIRDISCHE STEINWESEN

Meteoriten, die Kraft des Universums

In der Gegend um das Schloss Neuschwanstein zieht seit zehn Jahren ein Mann seine Runden. Stets schaut er dabei konzentriert auf den Boden. Wer jedoch glaubt, er habe nicht alle Tassen im Schrank, irrt. Vor zehn Jahren fiel ein Meteorit von beachtlicher Größe vom Himmel. Dieser Mann fand ein Stück dieses Meteoriten.

Gelegentlich schaue ich mir die Kleinanzeigen in der Zeitung danach durch, ob es vielleicht Schätze aus anderen Kulturen gibt, die irgendwelche Leute nicht mehr wollen, vielleicht geerbt haben und nichts damit anzufangen wissen. So fand ich einmal die Anzeige eines Ethnologen, der einige Figuren aus Neuguinea und Afrika zu verkaufen hatte. Ich fuhr zu ihm hin. Er wusste interessante Geschichten zu erzählen, zum Beispiel, wie man mit einem Blasrohr und etwas Curare ein Tier töten kann. Das Blasrohr und ein Alufolienpäckchen mit Curare hatte er im Keller. Wir gingen zurück in seine Wohnung, in der noch mehr Figuren, Skulpturen und andere Kultgegenstände standen als in meiner Wohnung. Eine Vitrine erregte meine Aufmerksamkeit. Darin befanden sich Kultsteine und Muschelketten aus dem Sepikgebiet in Neuguinea. Mein Blick fiel auf einen eiförmigen schwarzen Stein. »Den möchte ich«,

rief ich aus. Doch der Ethnologe winkte ab. »Alles in der Vitrine und im Keller geht an das Rautenstrauch-Joest-Museum in Köln. Als ich mich vom Dorfchef verabschiedete, gab er mir die heiligen Dinge seines Dorfes mit und bat mich, sie irgendwo sicher aufzubewahren, sodass seine Nachfahren eventuell wieder darauf zurückgreifen könnten. Ins Dorf war nämlich ein Missionar gekommen, der von seinem Gott predigte und verlangte, dass alle magischen heidnischen Gegenstände zerstört werden sollten.«

Der Ethnologe hielt sein Wort und hatte die ganze Sammlung dem Museum als Dauerleihgabe versprochen.

Ich war frustriert. Eine Woche später fuhr ich noch einmal mit meinem Freund zu dem Ethnologen. Wir kauften ein Figurenpaar mit Spiegelaugen aus dem Kongo – er nahm den Mann und ich die Frau. Das schwarze Ei bekam ich wieder nicht. Die Leute vom Museum waren noch nicht gekommen, doch er war nicht umzustimmen. Er erzählte, dass dieses Ei der Sage nach von den Göttern kam, es war »vom Himmel gefallen« und die Fischer, die es fanden, bauten ihm ein kleines Häuschen. Ab und zu wurde der Stein nachts herausgeholt und dem Himmel gezeigt, dann tanzten und trommelten die Dorfleute und feierten ein Fest für das himmlische Ei. Dass ich nun die Geschichte kannte, machte die Sache nicht leichter. »Das ist doch für dieses Ei aus dem Kosmos unerträglich, im Magazin eines Museums zu liegen«, protestierte ich. Doch der Ethnologe schüttelte nur den Kopf.

Aller guten Dinge sind drei, dachte ich ein paar Wochen später. Ich fuhr noch einmal zu dem Ethnologen. Auf der Landstraße dorthin überholte eine Frau einen Lastwagen und kam mir auf meiner Spur entgegen. Ich riss das Steuer herum und landete in einem nassen Acker. Ich zitterte am ganzen Körper, die Frau stieg aus, ich stieg aus, wir fielen uns um den Hals und weinten. Der Lastwagenfahrer zog derweil mein Auto mit einem Seil aus dem Acker. Mit schlotternden Knien fuhr ich weiter. Ich kam zum Haus des Ethnologen. Er stand in der Tür. Gerade fuhr ein Lastwagen weg, auf dem »Rautenstrauch-Joest-Museum Köln« stand. Ich stieg aus.

»Sie sehen ja, alles weg«, sagte er. »Sie können jedoch gern mit hinauf kommen und einen Kaffee mit mir trinken.«

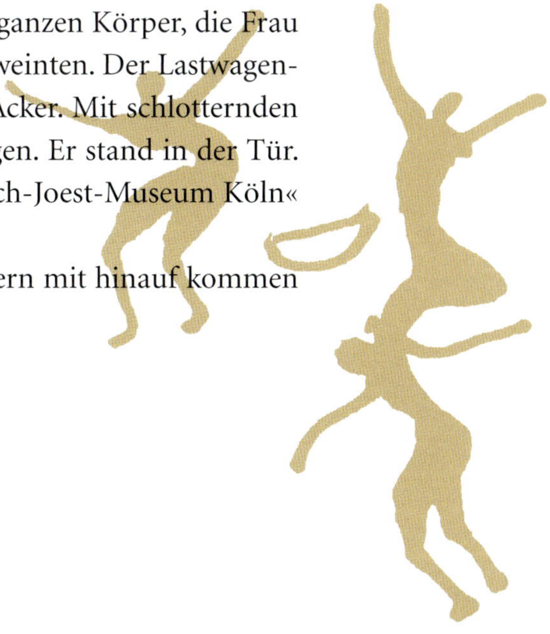

»Den kann ich auch brauchen«, sagte ich und erzählte ihm von dem Beinahe-Zusammenstoß. Er machte Kaffee, ich saß am Küchentisch. Die Wohnung war leer. Ich stand auf und ging ins Wohnzimmer, wo die Vitrine stand. Alles war leer. Doch da lag – das Ei aus dem All. Ich tat wohl einen kleinen Schrei und er kam aus der Küche. Er konnte es nicht fassen. Wir kamen beide aus dem Kopfschütteln nicht mehr heraus, denn man konnte dieses schwarze Ei in der leeren Vitrine unmöglich übersehen. Und doch hatten die Männer es vergessen, als sie alles andere ausräumten.

»Jetzt glaub ich es selbst, dass Sie dieses Ei haben sollen«, sagte er.

Nicht dass er es mir billig gab! Doch das war mir egal. Das Geld hätte ich heute auch nicht mehr. Das kosmische Ei aber ist einer meiner liebsten Schätze.

Nächtelang schlief ich mit dem Ei im Bett. »Ich wollte, ich wäre ein Stein«, scherzte mein Freund.

In der Vorstellung keltischer und germanischer Menschen waren Meteoriten magische Pfeile, die von Elfen und Feen abgeschossen wurden. Dass diese Steine mit Feuer vom Himmel fielen, beeindruckte die Menschen zu allen Zeiten. Bezeichnungen aus alter Zeit wie Donnerkeil, Feueraxt, Donnerstein beschreiben das beängstigende und faszinierende Phänomen ihrer Entdeckung. Was wir heute als Sternschnuppen bezeichnen, sind eigentlich auch kleine Meteoritenschauer. Die meisten kommen allerdings nicht auf der Erde an, sondern verglühen in der Atmosphäre. In der römischen, der keltisch-germanischen, aber auch in afrikanischen Kulturen galten Meteoriten als besonders kraftvoll und magisch. In der Kaaba, dem heiligsten Zentrum der Muslime in Mekka, ist an der östlichen Ecke ein eiförmiger schwarzer Meteorit, al-hadschar-ul-aswaad, befestigt. Er ist mit Silber gefasst und die Gläubigen versuchen, bei der Umrundung der Kaaba diesen schwarzen Stein zu küssen. Der vorislamische Kult des schwarzen Steins war der dreifachen Göttin Al-Lath, Manat und Uzza gewidmet. Nicht nur in Mekka liegt ein schwarzer Meteorit, der als das Heiligste dieser Religion gilt. Es heißt, dass auch im Vatikan ein eiförmiger Meteorit liegen soll. Und auch im Forum Romanum ist der Lapis Niger, der schwarze quadratische Stein, der in die Bodenplatten eingelassen ist, vorchristliches geheimnisvolles Heiligtum. Nun kennt ja die christliche Religion offiziell keine Fetische, doch neben der Reliquienverehrung von Heiligen sind eben auch Kristalle und Meteoriten gehütete Heiligtümer der höchsten Kirchenmänner. Vermutlich sollen sie die Macht der Kirche festigen.

In christlichen Mythen ist der Meteorit natürlich ein Stein des Teufels, vor allem, wenn er schwarz ist. Woher diese Zuordnung schwarz gleich schlecht, teuflisch, kommt, bleibt rätselhaft, denn fast alles im Universum ist doch schwarz.

Vor einigen Jahren, im April 2004, fiel im bayrischen Voralpenland ein Meteorit vom Himmel. Zwischen Füssen und Garmisch-Partenkirchen, im deutsch-österreichischen Grenzgebiet, verglühte der Steinbrocken aus dem Universum. Viele Menschen, die die helle Bahn des Meteoriten am Himmel beobachtet hatten, machten sich auf den Weg, um den Stein zu finden, der in mehrere Teile zerbarst, wie Wissenschaftler vermuten. Drei Stücke wurden in der Nähe von Schloss Neuschwanstein gefunden und nach dem Schloss benannt. Tatsächlich hätte der Absturz beinahe großen Schaden am Schloss angerichtet, so nah schlug eines der Fragmente ein.

Weil der Finder die Hälfte des Fundes beanspruchen kann, musste das Fragment Neuschwanstein II geteilt werden und ist in seiner ursprünglichen Form so auf immer verloren.

Als der bayrische Chondrit, ein sehr seltener Steinmeteorit, auf der Mineralienmesse in München ausgestellt wurde, konnte man ein interessantes Phänomen beobachten: Alle, die den Meteoriten sahen, hatten das Bedürfnis, ihn zu berühren. Bis heute ist es so, dass Menschen von starken Steinen Kraft holen wollen.

Im Chiemgau verwüstete ein Meteoriteneinschlag zur Zeit der Kelten das ganze Land, viele Menschen müssen damals durch diese Naturkatastrophe gestorben

sein. Doch auch schon viel früher stürzte ein Steinmeteorit in der Gegend von Nördlingen auf die Erde. Das so genannte Nördlinger Ries ist der Einschlagskrater und bis heute findet man dort weiß-graue Steinfragmente, die wohl offenbar vom Mond stammen. Im Rieskrater-Museum sind nicht nur Meteoriten und seltene Steine zu sehen, dort befindet sich jetzt auch der Neuschwanstein-I-Meteorit. Die meisten Meteoriten fallen zum Glück in unbewohnte Gebiete. In der Sahara, in der Wüste Gobi, in Kamtschatka oder auch in Arizona wurden immer wieder Eisen- oder Steinmeteoriten gefunden.
Meteoriten werden sowohl im Kult der Kali als auch für Lilith oder für Babayaga verwendet.

Die Vorstellung, dass Meteoriten von einem anderen Stern auf die Erde fallen und all die Kräfte mitbringen, die sie im Universum gesammelt haben, fasziniert wohl nicht nur mich. Viele Abenteurer fahren in die Sahara, in die Mongolei oder nach Kamtschatka, den wildesten und unzugänglichsten Teil Sibiriens, um dort Meteoriten zu finden. Ich lasse mich gern in eine tiefe Betrachtung eines Meteoriten fallen. Zuerst nehme ich die Materie wahr, die Oberfläche, die Farbe. Ich berühre ihn mit den Fingerspitzen und nehme wahr, wie kühl er ist. Dann erfühle ich die Energie, die vom Meteoriten ausgeht, und nehme wahr, was sie mit mir macht. Ich habe auf der Mineralienmesse einen kleinen Meteoriten aus Arizona gefunden, den ich gern berühre und erforsche. Einen Eisenmeteorit hat mir ein Leser geschickt, der mich ab und zu mit wundervollen Exemplaren von Steinen und Mineralien aus der Sammlung seines verstorbenen Vaters erfreute. Wunderschön finde ich auch die Tektite, diese grünen oder gelben Glasmeteoriten aus der Wüste: Beim Einschlag auf der Erde verschmolzen sie mit den Sandkörnern zu Glassteinen. Meteoriten aller Art erinnern uns daran, dass wir ursprünglich alle aus dem Universum kommen und natürlich auf unserem Erdball im Universum kreisen. Die Dunkelheit des Alls umgibt uns, wenn uns auch unsere Sonne Licht und Wärme gibt. Viele Menschen empfinden die dunkle Leere des Weltalls als bedrohlich und doch ist sie unsere ursprüngliche Mutter, aus der alles kam und in die alles zurückkehrt. Diese zugleich fremde und vertraute Energie spüre ich in Meteoriten.

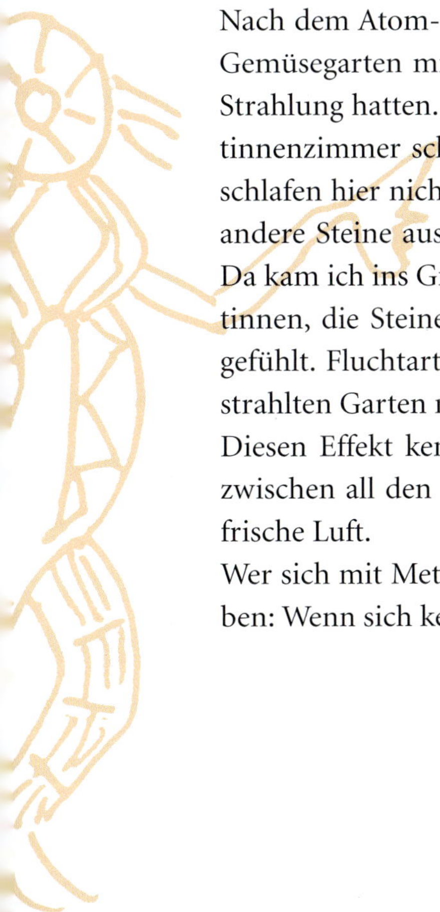

Nach dem Atom-Unglück in Tschernobyl baten wir einen Spezialisten, unseren Gemüsegarten mit einem Geigerzähler zu untersuchen, weil wir Angst vor der Strahlung hatten. Er ging mit seinem Gerät auch durchs Haus. In meinem Göttinnenzimmer schlug der Geigerzähler heftig aus. Er sagte nur: »Ich hoffe, Sie schlafen hier nicht.« Es stellte sich heraus, dass meine Kristalle, Meteoriten und andere Steine aus der Wüste stärker strahlten als der Fallout von Tschernobyl. Da kam ich ins Grübeln. Denn nie hatte ich mich in dem Raum, der meine Göttinnen, die Steine, die Kultobjekte, die magischen Dinge beherbergte, bedroht gefühlt. Fluchtartig verließ der Experte mit dem Geigerzähler, der sich im verstrahlten Garten noch unbesorgt bewegt hatte, den Raum.
Diesen Effekt kenne ich von der Mineralienmesse. Nach einer halben Stunde zwischen all den Steinen und Meteoriten bekomme ich Kopfweh und brauche frische Luft.
Wer sich mit Meteoriten befreunden will, sollte sich ganz seinem Gefühl hingeben: Wenn sich kein Wohlgefühl einstellt, ist der Meteorit nicht der Richtige.

STEINERNE KULTORTE

Kraftplätze in aller Welt

Es gibt natürlich zahllose Orte auf der Welt, an denen mythische Steine, Dolmen, Steinkreise, Findlinge, Menhire, einzelne starke Steine, Steinformationen usw. stehen, es gibt Felswände und Zinnen, zu denen BergsteigerInnen pilgern – viele Menschen kennen solche Plätze. Ich habe im Folgenden einige meiner Lieblingsorte zusammengestellt.

Wichtiger als an Orte zu reisen oder zu wandern, die empfohlen wurden, finde ich jedoch, selbst Orte zu entdecken und sich selbst mit Steinen zu befreunden. Informationen holt man sich heute am besten aktuell aus dem Internet, da sich die Bedingungen für Besuche, die Anfahrtsmöglichkeiten, die Straßenverhältnisse und eventuell auch die Besuchszeiten ständig verändern.

Steinerne Agnes, Berchtesgaden (D)

Diese bizarre Felsformation, die tatsächlich an Kopf und Oberkörper einer Frau erinnert, steht im Lattengebirge in den Berchtesgadener Alpen und ist mit Bahn (Bad Reichenhall) und Bus (bis Ulrichshof) und einer etwa sieben Kilometer langen Wanderung zu erreichen. Natürlich ist der Sage nach die Steinerne Agnes eine böse Frau, die sich vom Teufel überreden ließ, ihr Kind abzutreiben, und deshalb versteinert wurde. Genauso gut könnte es sich bei der Steinernen Agnes um eine Steingöttin handeln, die über das Berchtesgadener Land wacht, so jedenfalls hätte man es in der Steinzeit, als die christliche Moral noch fern war, gesehen.

Mên-an-Tol, Cornwall (GB)

Dieser Lochstein ist zwischen Penzance und Pendeen in Cornwall, am südwestlichsten Ende von Großbritannien zu finden. Östlich und westlich des Lochsteins stehen zwei weitere Wächtersteine. Es heißt, dass man neunmal hindurchkriechen soll, um sich zu heilen. Wer es schafft, tatsächlich neunmal hindurchzukriechen, muss schon einigermaßen fit sein, denn es ist eine rechte Tortur – Kranke würden es wahrscheinlich gar nicht schaffen. Allerdings stellt sich tatsächlich das Gefühl ein, etwas abzustreifen und sich von etwas zu befreien. Mein Tipp für schwächere Menschen: Den Lochstein berühren gibt auch viel Kraft, man muss nicht unbedingt durchschlüpfen. Mên-an-Tol ist am besten mit dem Auto (Taxi, Leihwagen von Penzance aus) oder mit dem Bus von Penzance nach Pendeen zu erreichen, allerdings hat man von Pendeen noch etwa vier bis fünf Kilometer Wanderung vor sich.

Kailash, Tibet

Der Kailash ist der heilige Berg sowohl der Buddhisten als auch der Hindus und AnhängerInnen der vorbuddhistischen Bön-Tradition. Er gilt als Mittelpunkt der Welt und soll magische Kräfte in sich bergen. Ich kann aus eigener Erfahrung berichten, dass diese Kräfte ganz stark gespürt werden können, denn kurz nach einer Operation umrundete ich noch sehr schwach den Kailash und wurde dabei immer stärker und glücklicher. Wer dreizehnmal die äußere lange Umrundung des Bergs bewältigt hat, darf nach buddhistischer Auffassung auch die innere, die spirituell bedeutendere Umrundung angehen. Keine Frage – wer am Kailash war, fühlt sich berührt, bestärkt, überwältigt. Wer die teure und anstrengende Reise nicht unternehmen kann oder will, stärkt sich durch ein Bild des heiligen Bergs oder eine Reportage über ihn. Ein Freund sagte mir, dass das auch wirkt.

Les Eyzies-de-Tayac und Montigny mit Lascaux, Dordogne (F)
Hier im Tal von Dordogne und Vézère wurde lange Zeit die Wiege der Menschheit vermutet, weil Knochen »des Urmenschen«, des Cro-Magnon-Menschen, in einem Ortsteil von Montigny, im Abri de Cro Magnon, gefunden wurden. Heute wissen wir, dass es schon viel länger Menschen gibt – doch keine Frage, dieses Tal ist so reich an steinzeitlichen Funden, Höhlen, Gravuren und Skulpturen, dass ein Besuch bezaubernd und bereichernd ist. Das französische Nationalmuseum für Frühgeschichte zeigt wechselnde Ausstellungen von steinzeitlichen Funden aus aller Welt und man kann wunderbar zu den diversen Höhlen wandern. Dass sie mittlerweile in eine Art Steinzeit-Event-Park verwandelt wurden, ist zwar bedauerlich, aber vermutlich nicht zu vermeiden.
Auch die Höhle von Lascaux ist in der Nähe. Die Originalhöhle darf nun nicht mehr besichtigt werden, weil die Ausdünstungen der Menschen die Malereien zersetzen. Es wurde jedoch eine Höhle nachgebaut, in der jede Einzelheit genau

wie im Original dargestellt ist. Von dem »Cro-Magnon-Mann« sollte man sich nicht allzu sehr beeindrucken lassen. Bisher konnte noch gar nicht nachgewiesen werden, ob die wenigen gefundenen Menschenknochen von einem Mann oder einer Frau stammen.

Almendres Steinkreis, Évora (P)

Dieser Steinkreis nahe der portugiesischen Stadt Évora, etwa eine Autostunde östlich von Lissabon entfernt, enthält zweiundneunzig gerundete Steine, ist somit der bisher größte Steinkreis (wenn man nach der Menge der Steine geht) und ist in der Art einer liegenden Acht geformt. Das finde ich besonders bemerkenswert, weil bei Steingravuren in der Gegend, z. B. in Escoural, kaum fünf Kilometer entfernt, ebenfalls die liegende Acht eine Rolle spielt. Ein Besuch dort mit einer Meditation oder einem Ritual hinterlässt, wie ich finde, eine sehr freundliche, liebevolle Energie, beschwingt und erheitert.
Wer Évora und die Region besucht, die mittlerweile Weltkulturerbe wurde, sollte auch nach Escoural, zu der altsteinzeitlichen Höhle mit Felszeichnungen, und nach Valverde weiterfahren, nur wenige Kilometer von Guadalupe entfernt und auch die Großsteinanlage Zambujero besuchen, eine große Steinkammer, gebaut aus Quadern, die rund sechs Meter hoch sind. Diese Steinquader wurden aus vier Himmelsrichtungen zum Teil aus über achtzig Kilometer Entfernung hergebracht. Wie und zu welchem Zweck, ist den ForscherInnen bis heute ein Rätsel. In dieser großen Steinkammer hat man viele abstrakte Schieferidole – sie werden als Gaben an die Muttergöttin gedeutet – und Frauenfigürchen gefunden. Einer der Decksteine liegt mittlerweile vor der Anlage und ist ein wunderbarer Meditationsstein.

Steinplateau bei St. Michael/Eppan, Südtirol (I)

Hinter der Gleifkirche oberhalb Eppans erstreckt sich ein Steinplateau, womöglich von Gletschern geschliffen, das viele Dreiecksgravuren und Schälchen enthält. Die Wirkung dieser Felsplatte sollte jede/r selbst erkunden. Sie ist jedenfalls spektakulär. Wer die Gegend spirituell erfahren will, kann sich auch mit der dort aufgewachsenen Alexandra von Hellberg in Verbindung setzen. Sie hat ein

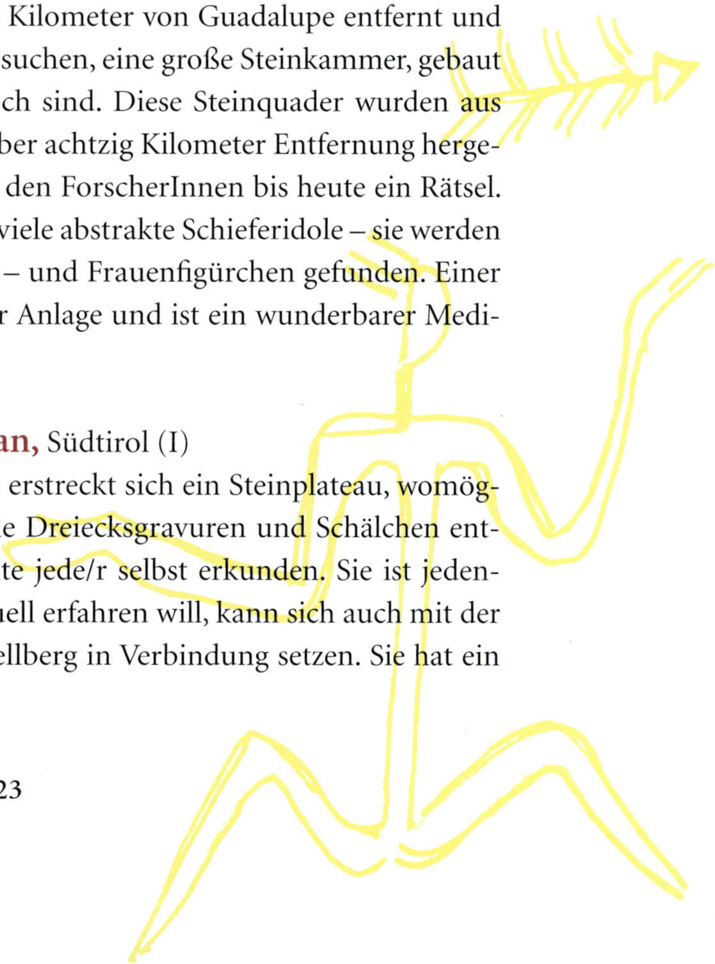

Buch über die magische Wirkung der Steinplätze um Eppan verfasst (siehe Literaturliste). Die Steinplatte jedenfalls endet in einem Rutschstein auf dem Weg zu Schloss Englar hinunter. Die Gräfin, Besitzerin des Schlosses, erinnert sich, dass sie schon als Kinder gern an dieser Steinplatte hinuntergerutscht sind.

Devils Tower, Wyoming (USA)

Dieser monolithische Felsberg, der in den Bear Lodge Mountains in den Black Hills, Wyoming, USA liegt, ist für die Prärie-Indianer ein heiliger Ort, an dem die Grizzlys wohnen. Der breiten Öffentlichkeit wurde der Devils Tower durch Stephen Spielbergs »Begegnung der dritten Art« bekannt. In diesem Film erklärt er Devils Tower zu einem Sende- und Empfangsberg für Außerirdische, der mit den Plejaden in Verbindung ist. Man muss Spielberg nicht unbedingt in dieser Interpretation folgen, doch es ist offensichtlich, dass von diesem Felsklotz in der

Landschaft eine magische Wirkung zu spüren ist. Den Kletterern ist er eine besondere Herausforderung, weil es glatt und gerade nach oben geht und sie kaum Möglichkeiten sehen, sich irgendwo einzuhaken. Ich spüre vor allem die Energie, die Menschen dort in Ritualen und Festen hinterlassen haben.

Medicine Wheel, Wyoming (USA)

Eher zufällig fand ich auf einer Wanderung in Wyoming, USA, dieses bemerkenswerte etwa dreitausend Jahre alte Monument in den Big Horn Mountains nahe der kleinen Stadt Lovell. Es ist ein Heiligtum der Crow-Ureinwohner. Aus Steinen gelegt mit Einteilungen für die Himmelsrichtungen und den Jahreszeitenwechsel sieht es aus wie ein astrologisches Rad. Es ist umzäunt und wird nur für Jahreszeitenrituale der UreinwohnerInnen geöffnet, die man im Internet erfahren kann. Unzählige Menschen haben Geschenke und bunte Bänder dort hinterlegt oder angebunden. Das Medizinrad befindet sich auf einer Höhe von fast 2000 Metern. Da in unmittelbarer Nähe ein Campingplatz geschaffen wurde, ist es möglich, dort zu übernachten und die Kraft aus dem Medicine Wheel zu allen Tageszeiten zu spüren.

Chesil Beach, Weymouth (GB)

Diese Kieselsteinbank vor der südenglischen Küste bei Weymouth ist wirklich eine Besonderheit. Legt man sich auf die Steine, so versetzt einen der Rhythmus des Meeres und das Klickern und Flüstern der Steine in Trance und man fühlt sich schier schwerelos in dieser fortwährenden Bewegung der kleinen Steine. In der Nähe dieser Kieselinsel finden sich auch viele urzeitliche Versteinerungen in den Felsen vor Weymouth.

Nioro du Rip, Nähe Dakar (Senegal)

Interessante Steinplätze in Afrika sind meistens eher schwer zugänglich, doch da Senegal mittlerweile touristisch erschlossen ist, kann man sich ohne Probleme auf den Weg zu diesen KönigInnengräbern machen. Abgesehen von den zwei Hauptsteinkreisen gibt es in der Umgebung von Nioro du Rip auch viele kleine Steinkreise, die zum Teil in die Dorfstruktur integriert sind. Guter Ausgangspunkt für die Erkundung dieser Region ist das Keur Diame, eine Pension in Dakar (T. 0221–338558908). Die Besitzerin Ruth Ndiaye organisiert auf Wunsch eine Fahrt dorthin.

Falaise/Bandiagara, Dogonland (Mali)

Das Dogonland in Mali ist mittlerweile sehr bekannt und durch größere anspruchsvolle Reiseanbieter für Touristen zugänglich gemacht. Die Falaise ist eine rund fünfzig Kilometer lange Felswand, in der die UreinwohnerInnen, die Tellem, in Höhlen lebten. Zu Füßen der Felswand breitete sich Urwald aus, die Lebensgrundlage der Tellem. Sie fertigten Leitern aus Pflanzenfasern und lebten nur von Pflanzen und Wildgemüse. Abends kletterten sie in ihre Höhlen, zogen sie ihre Leitern ein und waren so uneinnehmbar. Als die Dogon kamen, war allerdings das schöne Leben der Tellem vorbei, denn die Dogon schlugen die Bäume um. Die Tellem zogen weiter nach Zentralafrika und die Dogon prägten die Falaise und die Dörfer mit ihrer Kunst und ihren Ritualen. So gibt es das legendäre Sigi-Fest, das nur alle sechzig Jahre gefeiert wird und sieben Jahre dauert, bei dem rituelle Prozessionen durch die Dörfer und in die Kulthöhlen der Falaise ziehen. Das Ritual wird gefeiert, um die Unordnung in der Welt zu beseitigen, und wird wohl, falls es noch Menschen gibt, die die Tradition kennen, im Jahr 2026 wieder beginnen.

Der Steinkreis für ausgestorbene und aussterbende Arten von Hannsjörg Voth, Herrmannsdorf, Glonn (D)

Hermannsdorf ist das erste Ökodorf Oberbayerns. Der Erbe des Fleischfabrikanten Schweissfurth hat hier viel Land gekauft und auf ökologische Landwirtschaft umgestellt. Viele Kunstwerke zieren dieses Gut. Am eindrucksvollsten ist die Großsteinanlage, die von Hannsjörg Voth gestaltet wurde. Auf den Steinen, die in einem Oval stehen, sind alle bereits ausgerotteten und alle gefährdeten Pflanzen- und Tierarten eingraviert. Das Gut befindet sich etwa eine Stunde südöstlich von München in der Nähe von Glonn. In dem dazugehörigen Wirtshaus kann man sich nach der Wanderung zum Steinkreis stärken.

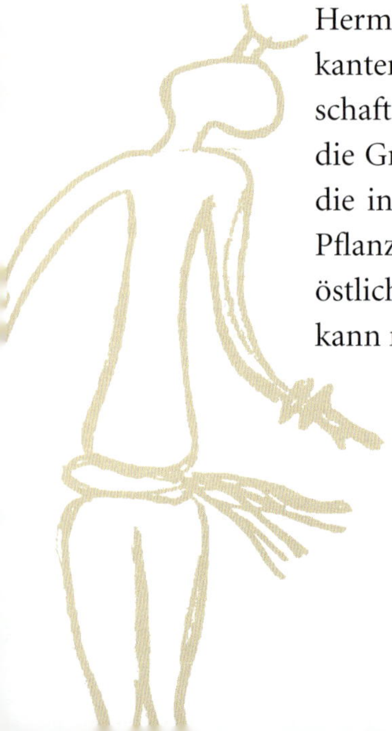

Stonehenge und Avebury Circle, Wiltshire (GB)

Stonehenge gehört zu den faszinierendsten Steinmonumenten der Erde. Jahrelang waren sich die Forscher einig, dass es sich um eine astronomische Anlage handelt. Doch dann fand man nicht nur das Grab eines bayrischen Stammesfürsten, der mehrere ältere Verletzungen am Körper und Amulette und Heilsubstanzen bei sich hatte, sondern auch die Begräbnisstätte der Heilerin, die mit wertvollen Grabbeigaben und Amuletten beigesetzt worden war. Neuere Ausgrabungen haben unzählige Unterkünfte freigelegt sowie einen Prozessionsweg von Stonehenge zum Woodhenge, dem hölzernen Kreis. Offenbar war Stonehenge ein Heiligtum, ja, womöglich ein spirituelles Zentrum, in dem Heilungen stattfanden und zu dem, den neuesten archäologischen Erkenntnissen nach, vor etwa viertausend Jahren Menschen aus ganz Europa pilgerten. Avebury schließt mit seinen Kreisen und Menhiren das gleichnamige Dorf ein. Beide Anlagen befinden sich etwa dreißig Kilometer voneinander entfernt.

A Rocha dos Namorados,

bei Monsaraz, Alentejo (P)

Etwa eine Stunde in östlicher Richtung von Évora liegt das Dorf São Pedro do Corval, an dessen östlichem Rand sich dieses nationale Monument befindet. Dieser »Stein der Liebenden« scheint seit Urzeiten ein »Zeugenstein« zu sein. Das heißt, dass man seine Liebe zu einem Menschen hier bekundet und bekräftigt, indem man rückwärts ein Steinchen auf den großen Fels wirft. Bleibt das Steinchen oben, wird die Liebe halten (oder der Wunsch erfüllt, den man ausgesprochen hat). Wer es bis zu diesem Zauberstein geschafft hat, kann auch den Almendres-Steinkreis besuchen, den Steinkreis in Europa, der die meisten Steine enthält. Unweit vom Steinkreis steht ein Menhir, der die Verbindung zwischen Erde und Himmel anzeigt.

Tempel auf Malta

Die Tempel auf Malta und Gozo gehören zu den faszinierendsten Monumenten der Jungsteinzeit. Sie sind in der Form von Frauenkörpern gebaut. Man betritt sie durch den Geburtskanal, zwei runde Seitenapsen symbolisieren Eierstöcke und Brüste. Das Allerheiligste aber ist der Kopf. In diesen Tempeln wurden kleine dicke Frauenskulpturen gefunden. Im Hypogeum, einem unterirdischen Tempel, der vermutlich Tranceschlaf-Ritualen diente, gibt es ein Loch in der Wand. Singt man durch dieses Loch, verteilen sich die Töne überall im Höhlenheiligtum bis ganz hinunter und hinauf zum Eingang.

Binntal, Wallis (CH)

Das Binntal gilt als Eldorado der Mineralien-LiebhaberInnen. Nicht nur werden dort seltene Mineralien gefunden, wie z. B. Rutil. Es gibt auch immer wieder Zusammentreffen von Forschern und Steinexperten. Auf dem Weg zum Maniboden und Geißpfad gibt es einen großen runden Felsen, der eine Art Höhle bildet und auf einer Steinplatte aufliegt. Man kann auf diesen Fels hinaufklettern und ihn in Schwingung bringen, was nicht gerade leicht ist. Deshalb entsteht eine Art Herzschlagrhythmus. Während eine Person den Stein ins Trommeln bringt, kann sich eine andere in die Höhle setzen. Der Herzschlag des Steins wird zur Vibration auf der Haut. Ich empfinde das als heilend und be-geisternd im wahrsten Sinn des Wortes.

Die Steingumpen der Ganga, Gangotri (Indien)

Auf dem Weg zur Gangesquelle im nördlichen Bundesstaat Uttar Pradesh in Indien befinden sich unterhalb des Ortes Gangotri vom Wildwasser ausgewaschene Felsen. Der Ganges, benannt nach der Göttin Ganga, heißt hier noch Baghirati, bevor er mit dem weiteren Quellfluss Alaknanda zu Ganga, zum Ganges wird. Auf diesen Felsen zu beiden Seiten des Wildwassers in Gangotri, einem der heiligsten Pilgerorte Indiens, kann man wunderbare Stein-Wasser-Meditationen machen. Zeit und Raum lösen sich in diesem Gegensatz zwischen reißendem Wasser und uralten Felsen auf. Wer bis zur Quelle des Ganges, zu Gaumukh, dem Kuhmaul, gehen will, hat weitere zweitausend Höhenmeter zu überwinden.

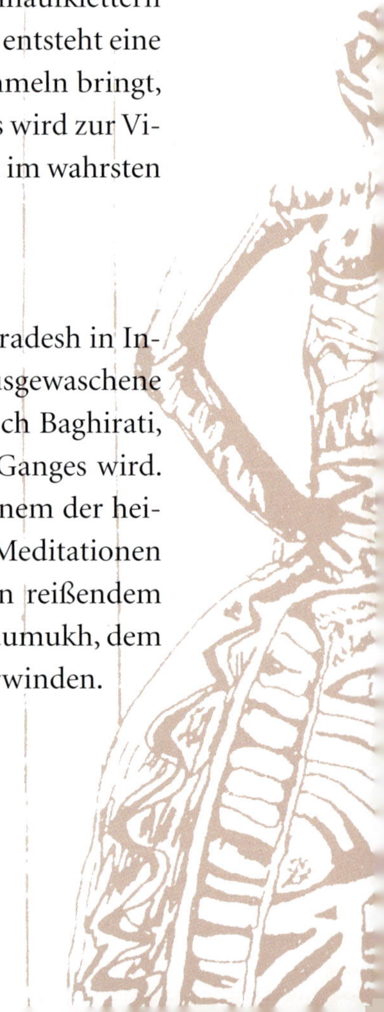

Der Untersberg, bei Salzburg (A)

Viele Mythen ranken sich um diesen »Ahnen-Berg«, der von unterirdischen Höhlen, so genannten Dolinen, durchzogen ist. Auf dem Untersberg finden sich Pflanzenarten, die sonst im Alpenraum nirgendwo mehr zu finden sind. Die Saligen Frauen sollen im Untersberg leben und wer sich zu ihnen auf den Weg macht, kann reich beschenkt und beglückt werden. Doch sind die Wege zum Teil recht steil und überall öffnen sich Kluften und Löcher, sodass Konzentration, Ausdauer und Erfahrung im Bergwandern nötig sind. Ungeübte können mit der Seilbahn von St. Leonhard hinauffahren und auf einer Höhenwanderung die Faszination dieses magischen Bergs erleben.

Rieskrater bei Nördlingen, Schwäbische Alb (D)

Der Nördlinger Rieskrater ist zu Urzeiten bei einem Meteoriteneinschlag entstanden und zieht seither nicht nur WissenschaftlerInnen an. Die Energie des Universums zu spüren ist bei vielen spirituell interessierten Menschen auch ein Grund, im Rieskrater zu wandern. Es ist sogar möglich, dort kleine graue Steine zu finden, die Geologen für Mondgestein halten (womöglich haben sich die Mondfahrer hier mit Mondsteinen eingedeckt …). Wer den Rieskrater erforschen will, sollte unbedingt auch ins Rieskratermuseum gehen, wo interessante Informationen über Steine und die Entwicklung der Erde angeboten werden.

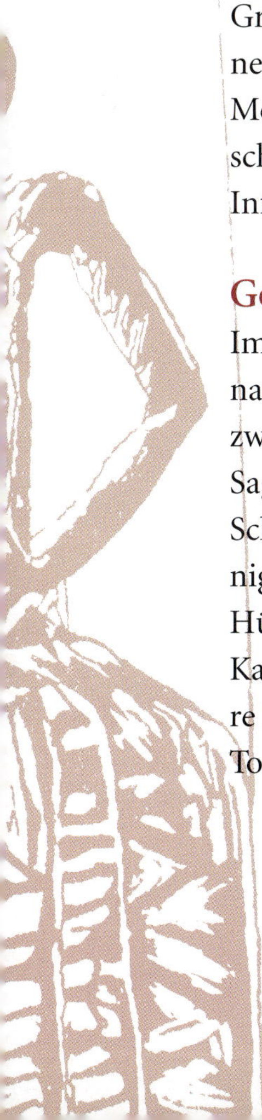

Gottesacker, Kleinwalsertal (A/D)

Im Allgäu – aber auch von der Vorarlberger Seite zu erreichen – ist der so genannte Gottesacker, eine Karstlandschaft in der Nähe des Hohen Ifen, rund zweitausend Meter hoch. Eine zerklüftete spektakuläre Steinlandschaft, die der Sage nach so entstanden ist: Ein armer Mann bat einen reichen Senner um etwas Schmalz, weil er Hunger hatte. Der Senner gab ihm eine Schüssel Mist mit wenig Schmalz obendrauf und lachte den armen Mann aus. Doch als der aus der Hütte ging, tat es einen Schlag und aus der fruchtbaren Alm war eine steinerne Karstlandschaft geworden. Tatsächlich ist es eine sehr kraftvolle und spektakuläre Landschaft, die zum Wandern und Meditieren einlädt. Informationen gibt der Tourismusverband Kleinwalsertal.

Sarntaler Stoanane Manndlen, Südtirol (I)
Diese Steinskulpturen im Sarntal oberhalb Bozen existieren wohl schon jahrtausendelang. Niemand weiß, wer sie errichtet hat, doch die Menschen empfinden sie als Hüterfiguren, die einen Kraftort bewahren. Der »Hexentanzplatz«, auf dem diese Stoamanndlen stehen, wird und wurde zu Ritualen und magischen Handlungen aufgesucht. Die »Pachlerzottl«, Barbara Pachler, eine Frau, die der Hexerei bezichtigt wurde, gestand unter Folter, dass sie mit anderen »Hexen« dort getanzt haben will. Die Gemeinde Sarntal ist über Bozen und Meran mit Bahn/Bus zu erreichen. Der Tourismusverein Sarntal gibt Auskunft.

Tassili n'Adjer, bei Djanet (Algerien)
Die Felsmalereien im Süden Algeriens sind einzigartig. Zwar sind Reisen mit eigenen Autos durch die Sahara nach wie vor gefährlich, doch geführte Reisen zu den Felsen des Tassili n'Adjer werden vor allem von Schweizer und französischen Reisebüros durchgeführt. Man kann entweder einen Flug nach Djanet über Algiers buchen und dann geführt zu den Felsmalereien gehen oder eine Pauschalreise buchen, in der das angeboten wird.

Das Steinerne Meer, Nationalpark Berchtesgaden (D)
Einen wirklich bequemen Aufstieg gibt es nicht. Von der österreichischen Seite, von Maria Alm, aus geht's über den Güterweg zum Felssteig und über Stock und Stein zum Riemannhaus, da muss man schon sehr trittsicher und bergerfahren sein. Auch der Aufstieg vom Königsee, von St. Bartolomä aus durch die »Saugass« ist lang und steil. Zwischen Riemannhaus und Kärlingerhaus geht's durch die faszinierende Landschaft des Steineren Meers. Der Funtensee beim Kärlingerhaus ist übrigens der kälteste Punkt Deutschlands. Es empfiehlt sich, den Weg nicht zu verlassen, da man sich sehr leicht verirren kann, vor allem, wenn das Wetter umschlägt – also auch im Sommer und bei gutem Wetter unbedingt warme und wasserdichte Kleidung mitnehmen. Stabile Bergschuhe sowieso.

Höhlen der Île de France, bei Milly-la-Forêt (F)
Die Höhlen Île de France, in denen Marie König die Vulva-Gravierungen entdeckte und beschrieb, sind zum Teil gar nicht so leicht zu finden. Idealer Ausgangspunkt ist der kleine Ort Milly-la-Forêt etwa eine Autostunde südlich von Paris, der allerdings auch mit öffentlichen Verkehrsmitteln zu erreichen ist. Dort kann auf einem Campingplatz oder im Hotel übernachtet werden. Informationen über die Höhlen können im Office de Tourisme erfragt werden.

Val Camonica, Gardasee (I)
Im Val Camonica, oberhalb des Gardasees, entdeckte ein Geologe eher zufällig die ersten Felsgravuren auf Steinplatten. Im Lauf der Zeit wurden dort rund dreihunderttausend Felsreliefs und Gravuren gefunden, die von elftausend vor

unserer Zeitrechnung bis zu den Römern vor rund zweitausend Jahren datieren. Damit hat das Val Camonica eine der lückenlosesten Aufzeichnungen von der Frühzeit bis zum Beginn unserer Zeitrechnung. Ausgangspunkt für eine Wanderung zu den Gravuren, die zum Weltkulturerbe gehören, ist Capo di Ponti. Der kleine Ort ist zudem das Zentrum für Frühgeschichtsforschung dieser Gegend.

Das Sibyllenloch unter der Burg Teck, Schwäbische Alb (D)

Zwischen Stuttgart und Ulm liegt die Burg Teck und unterhalb der Burg befindet sich das »Sibyllenloch«. Der Sage nach lebte auf der Burg Teck ein Graf mit seiner Frau Sibylle. Sie war zu den Armen sehr großzügig und half, wo sie konnte. Das ärgerte ihren Mann und er verbannte sie in die Höhle unterhalb der Burg, was ihr nichts ausmachte. Hier lebte sie als Einsiedlerin, die Menschen kamen weiterhin zu ihr, um sie um Rat und Hilfe zu bitten, und sie setzte ihre Kraft und ihre Möglichkeiten ein, um zu helfen. Die Höhle ist ein sehr kraftvoller Ort.

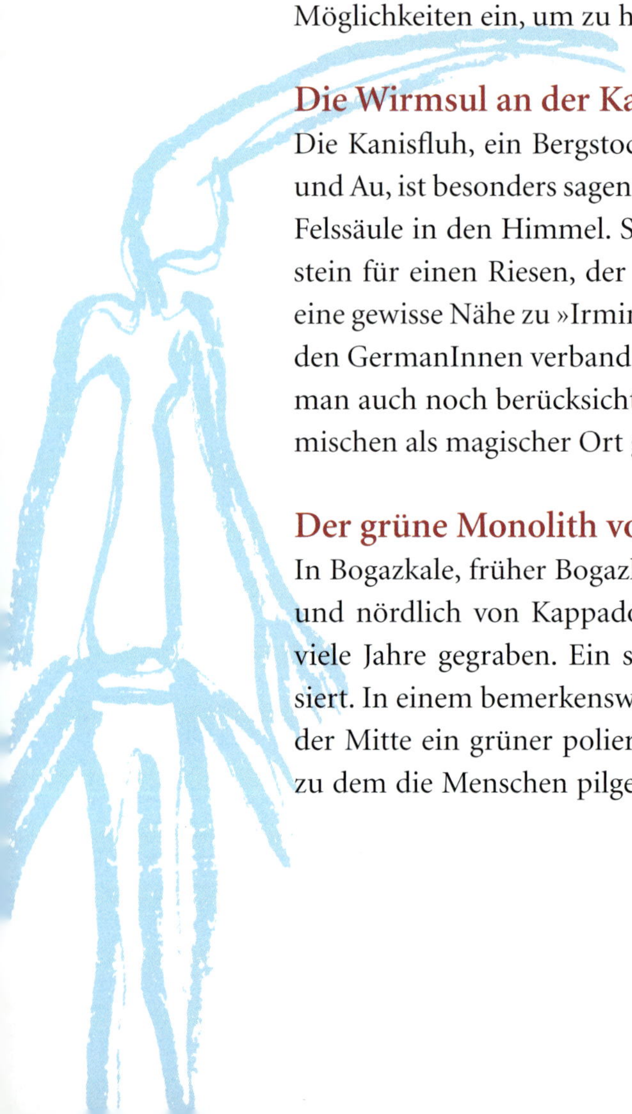

Die Wirmsul an der Kanisfluh, Vorarlberg (A)

Die Kanisfluh, ein Bergstock im Bregenzerwald in Vorarlberg zwischen Mellau und Au, ist besonders sagenumwoben. An der Nordseite dieses Gebirges ragt eine Felssäule in den Himmel. Sie heißt »Wirmsul« und ist der Sage nach der Grabstein für einen Riesen, der die Kanisfluh erbaut hat. Mir fällt dazu ein, dass es eine gewisse Nähe zu »Irminsul« gibt, also zu der Säule, die Himmel und Erde bei den GermanInnen verband. Dass Sul die Sonnengöttin der KeltInnen ist, könnte man auch noch berücksichtigen. Auf jeden Fall wird diese Felssäule von Einheimischen als magischer Ort gesehen, der Kraft gibt.

Der grüne Monolith von Bogazkale, (Türkei)

In Bogazkale, früher Bogazköy, etwa zweihundert Kilometer östlich von Ankara und nördlich von Kappadokien, wird seit vielen Jahren und vermutlich noch viele Jahre gegraben. Ein sensationeller Fund hat die ArchäologInnen elektrisiert. In einem bemerkenswerten Steinheiligtum mit Tierskulpturen fand sich in der Mitte ein grüner polierter Stein, offenbar ein Kultstein oder ein Kraftstein, zu dem die Menschen pilgerten. Die ganze Ausgrabungsstätte war ursprünglich

wohl kein Wohnort, sondern offenbar ein Ort für Magie, AhnInnen und Kulthandlungen. Sie gehört womöglich zu der Hethiterstadt Hattusa, ist jetzt von der türkischen Regierung zum Nationalpark Bogazköy-Alacahöyük erklärt worden und gehört zum Unesco-Weltkulturerbe. In der Türkei ist es übrigens bei strenger Strafe verboten, Steine aufzuheben und mitzunehmen. Das Deutsche Archäologische Institut leitet die Ausgrabungen in Bogazkale und man kann von dort und natürlich aus dem Internet Informationen über den Stand der Ausgrabungen erhalten.

MIT STEINEN LEBEN

Rituale

Mit Steinen zu leben und Steine zu lieben braucht nichts weiter als die Lust, zu experimentieren, zu spielen, zu fühlen. Es gibt kein Richtig und kein Falsch. Alles, was sich gut anfühlt, kann Wissen, Heilung, Freude bringen. Es geht eben nicht darum, noch eine esoterische, spirituelle Lehre aufzunehmen, mit neuen Dogmen belastet zu werden, sondern eigenverantwortlich zu handeln.

Sich von einem Stein finden lassen

Natürlich kann man Bücher wälzen: Welcher Stein passt zu mir, welcher Stein entspricht welchem Sternzeichen usw. Das ist wahrscheinlich die uninspirierteste Art, mit Steinen umzugehen, die dann oft nur irgendwo herumliegen und keinen wirklichen Wert haben. Wie aufregend ist dagegen eine spirituelle Wanderung. Mit allen Sinnen hellwach durch die Landschaft gehen, sich ansprechen zu lassen (daher der Ausdruck: das ist ansprechend). Es geht darum, wieder fühlen zu lernen. Dazu muss eine/r nicht wochenlang meditieren, fasten, sich kasteien. Es reicht, einfach einmal den Entschluss zu fassen, loszuziehen und wahrzunehmen. Natürlich ist es immer auch eine Begegnung mit den verborgenen Schrecken, mit erlittenem Schmerz und Demütigung. Das alles wahrzunehmen, ohne Bedeutung hineinzulegen, in Bewegung zu sein oder still irgendwo zu sitzen, die inneren Programme ablaufen zu lassen und mehr und mehr da anzukommen, wo eine/r ist: bei den Düften, den Geräuschen, den sinnlichen Empfindungen des Ortes, an dem man sich gerade befindet. Das alles kann man genauso gut in

einer Stadt wie auf dem Land, im Gebirge, am Meer oder sonst wo machen. Man muss keine weite Reise unternehmen, um die Sinne wieder neu einzustellen, um fühlen zu lernen.
Fühlen – das ist in unserer Gesellschaft mit kuscheln, lieben, genießen verbunden. Doch ist es zuallererst einmal zu spüren, wo und wie man sich befindet.
Erst jetzt, die Sinne frei, der Kopf nachgiebig, die Haut wach und bereit, wahrzunehmen, kommen die Sinneswahrnehmungen wirklich an. Wir sind es gewohnt, alles zu beurteilen, einzuteilen, zu bewerten. Auf einer spirituellen Wanderung fällt das so langsam weg. Nichts ist gut oder schlecht. Alles ist einfach da. Selbstverständlich oder von irgendjemandem gestaltet.
Wenn ich mich von einem Stein finden lasse, empfinde ich es immer als aufregend: Wer weiß, was mir begegnen wird? Es geht dabei nie um einen materiellen Wert, der sich etwa zu Geld machen ließe. Die »Wertlosigkeit« meiner Steine wird mir oft erst durch die Menschen gespiegelt, die diese Steine sehen. »Ach so, das soll der tolle Stein sein! Aha. Na ja.«
Der Wert entsteht durch ein Erkennen, eine Zuneigung, die eben niemand nachvollziehen kann. Ein Stein, der so gefunden wird, ist der vollkommene Heilstein – für die Person, die ihn gefunden hat.
Es bringt nichts, anderen Menschen Steine zu empfehlen oder gar festzulegen, welcher Stein für welches Leiden gut ist. Es gibt keine allgemeingültige Definition von Heilkraft. Sie entsteht immer in Zusammenhang mit der Person, dem Stein, dem Kraut, was auch immer, dem Zeitpunkt, an dem die Heilung in Gang kommt. Natürlich kann man sich anregen lassen, doch sollte man sich niemals vorschreiben lassen, was genau zu tun ist.
Wer einen Stein findet und davon beglückt ist, hat ein Helferwesen, eine verbündete Kraft gefunden.

Meditation mit einem Stein

Diese Meditation kann sowohl mit einem kleinen Stein durchgeführt werden, der in der Hand liegt, als auch mit einem großen Stein oder Fels, an den man sich

lehnt, den man berührt, auf dem man liegt oder steht. Wichtig ist die Berührung des Steins. Die ganze Aufmerksamkeit fließt in diese Berührung. Wie fühlt sich die Oberfläche des Steins an, ist er kalt, warm? Wie verändert sich die Ausstrahlung des Steins durch die Berührung?
Dann lässt man sich in den Stein einsinken, löst sich aus der Vorstellung, selbst einen festen Körper zu haben und in einen festen Körper hineinzuspüren. Alles wird Energie. Alles fließt ineinander.
Zum Beenden der Meditation konzentriert man sich auf den Atem, folgt dem Atem durch den Körper, spürt die Grenzen des Körpers, des Steins und löst sich langsam aus der Verbindung.
Besonders intensiv finde ich Meditationen mit einem Stein, der bei einem Baum liegt oder von einem Baum umarmt wird.

Wasser mit Steinen aufladen

Ich nehme dazu Quellwasser von einer Quelle, deren Wasser frei von landwirtschaftlicher Verseuchung ist. Das Münchner Leitungswasser ist zum Beispiel so

ein reines Wasser aus den Tiefen der eiszeitlichen Toteishöhlen. Die Steine, die ich in mein Heilwasser legen will, wasche ich vorher ab. Wenn's möglich ist, trockne ich sie an der Sonne. Dann nehme ich eine gut gesäuberte Milchflasche, lege die Steine hinein, gieße das Quellwasser dazu und schüttle es immer mal wieder ein bisschen. Vielleicht rassle und singe ich, stelle es an meinen Göttinnenplatz. Dann trinke ich es schluckweise.
Ich würde mit so einem energetisierten Wasser keinen Tee machen. Da hätte ich das Gefühl, dass die feine Energie durch das Kochen wieder verloren geht.

Löseritual mit Steinen

Dieses Ritual kann allein oder mit FreundInnen gefeiert werden. Zuerst gehen alle, die teilnehmen wollen, auf einen meditativen Spaziergang, wo sie für je-

des Thema, von dem sie sich lösen wollen, einen kleinen Stein aufheben. Wenn alle wieder zurück sind, bilden sie einen Kreis. Nun fängt eine Person an, wirft ein Steinchen hinter sich, ohne sich umzusehen, und spricht entweder laut aus oder denkt intensiv daran, was mit diesem Steinchen abgeworfen werden soll. Wenn alle alles losgeworden sind, können sie umhergehen und die abgeworfene Energie zuerst mit Tönen, mit Gesang, mit Rasseln und Trommeln oder schönen Worten verwandeln. Dann geben sich alle die Hand und bekräftigen es.

Ein Steinheiligtum anlegen

Im eigenen Garten oder im Haus wird ein schöner, geeigneter Platz bestimmt, an dem die Steine nicht stören. Nun kann die eigene Steinsammlung dort aufgebaut werden. Wozu braucht man ein Steinheiligtum? Ich brauche es, um mich davorzusetzen und »ins Narrenkastl zu schauen«, also still zu werden, die Gedanken vorbeiziehen zu lassen wie Wolken und mich an den Formen und Farben der Steine zu erfreuen. Für mich hat so ein Steinheiligtum auch heilende Wirkung. Ich fühle mich davon bestärkt und beglückt.

Die meisten Menschen haben sowieso eine Art Steinheiligtum. Da liegen Steine auf dem Fensterbrett oder ein großer Stein wird im Garten aufgestellt. In einer Schale werden die Steine vom letzten Urlaub aufbewahrt usw. Wer Steine liebt, hat wahrscheinlich eher das Problem, dass sie überall hinwachsen. Dann ist es manchmal sinnvoll, einen Teil der Steine wieder auszuwildern, sie an einem schönen Platz im Wald, an einem See, an einem Fluss zu arrangieren, wo man sie besuchen kann.

Mit einer Steinpyramide Menschen ehren

Dieses Ritual kann man sehr gut mit vielen Menschen, auch mit Kindern, machen. Jede Person, die mitmacht, sammelt so viele Steine, wie sie Menschen ehren will. Dann bilden alle einen Kreis und jede/r legt die Steine ab, benennt die Menschen, die geehrt werden sollen, und sagt, warum er/sie so besonders ist. Die Steine werden am besten so abgelegt, dass die Basis breiter ist und sich nach oben wie eine Pyramide verjüngt. Wenn alle Personen genannt und alle Steine abgelegt sind, kann der Kreis geschlossen werden, indem sich alle die Hände geben und wieder loslassen. Das Ritual kann natürlich wiederholt werden, immer wieder können Steine dazukommen.

Einen Steinkreis auslegen

Wer einen eigenen Garten oder eigenes Stück Land besitzt, kann selbst einen Steinkreis anlegen. Am besten ist dafür Frühlings- oder Herbst-Tagundnachtgleiche geeignet, weil die Sonne da genau im Osten auf- und im Westen untergeht. Die Nord-Süd-Linie geht dann genau durch die Mitte der Ost-West-Linie. Die vier Himmelsrichtungen können mit besonders großen oder irgendwie auffälligen Steinen markiert werden. Kleinere Steine füllen dann den Kreis.
Wer es nicht so wichtig findet, dass der Steinkreis genau nach den Himmelsrichtungen ausgelegt ist, kann einfach schöne Steine zusammentragen und sie im Kreis auslegen. Ein Steinkreis kann ein Ort der Ruhe, der Meditation, der Besinnlichkeit sein, sollte jedoch nicht mit dogmatischen Vorschriften überladen werden. Der Steinkreis ist nur das Gerüst. Es hilft, die Essenz, die Energie zu spüren, aber das Gerüst anzubeten, macht keinen Sinn. Das Ritual ist eine Form, der Steinkreis ist eine Form, wenn kein Inhalt darin entsteht, ist auch die Form überflüssig.

Wasser mit Steinen energetisieren

Wie kann man mit Steinen Wasser energetisieren? Steine haben eine besonders konzentrierte Kraft. Sie sind verdichtete Materie, sie sind alt, sie sind hart, das heißt, ihre Energie ist sehr hoch. Wenn wir davon ausgehen, dass es eigentlich gar keine festen Körper gibt, sondern alles nur von Energie zusammengehalten wird, dann muss die Energie in Steinen außergewöhnlich hoch sein.
Trinkwasser kann man in einen Krug geben, in dem z. B. Kristalle liegen. Dazu würde ich keine geschliffenen, sondern kleine unbearbeitete nehmen, die ich vorher natürlich abwasche. Auch Kieselsteine eignen sich zum Wasseranreichern. Wenn das Wasser ausgetrunken ist, sollen die Steine wieder zum Trocknen herausgenommen werden.

Reinigung des Trinkwassers

Wenn man dem Trinkwasser nicht traut, kann man selbst eine Art Kläranlage herstellen. Man lässt das Wasser durch Holzkohle, Kieselsteine und Sand laufen, das heißt, in einen Krug oder eine Kanne wird etwas Holzkohle eingefüllt, darauf kommt das Wasser, dann schüttet man es um in ein Gefäß, in dem etwas Sand eingefüllt ist, und danach wird das Wasser durch einen Kaffeefilter gegossen. Holzkohle gibt es an Tankstellen, Quarzsand in Ofenfachgeschäften. Noch besser ist es, wenn man selbst Holz zu Holzkohle verbrennen kann, etwas Asche dran schadet auch nicht.

Eine Energiebehandlung mit Steinen

Man kann sie allein machen, aber besser ist es, wenigstens zu zweit zu sein – auch mit vielen geht so ein Ritual sehr gut. Eine Person legt sich in die Mitte, alle anderen belegen nun die Person in der Mitte mit gewünschten Steinen an gewünschten Stellen des Körpers. Liegen alle Steine, dann können Töne gesummt oder ein

Lied gesungen werden. Stille ist auch nicht schlecht. Nun konzentriert sich die Person, die mit Steinen belegt ist, auf die Stellen, an denen sie die Steine spürt. Sie fängt bei den Füßen/Beinen an und fühlt sich nach oben, versucht dann, alle Stellen gleichzeitig wahrzunehmen – wie ein intensives Lichtfeld. Mit dem Atem nimmt sie die Kraft der Steine auf und lässt sie in den Körper fließen.
Nach ein paar Minuten werden die Steine wieder abgenommen, die nächste Person kommt dran.
Wer so eine Steinbehandlung allein macht, legt sich die Steine zurecht, fängt bei den Füßen an und endet mit dem letzten Stein auf der Stirn. Am Ende lässt man die Steine einfach herunterfallen und sammelt sie danach ein.
Am besten eignen sich für eine Steinheilbehandlung einfache kleine Kristalle.

Magischen Schmuck oder Schutzamulett aus Stein

Nicht jeder Stein, jedes Amulett ist für jede Person gut. Um ein Schutzamulett herzustellen oder zu finden, ist es wichtig zu wissen, welche Steine eine starke Anziehungskraft ausüben – und das tun sie ja nicht für jede Person gleich. Manchmal sind es Steinperlen, die man in Geschäften oder auf Mineralienmessen finden kann, Versteinerungen vielleicht, Kristalle. Wenn der gefundene Stein/die Steine keine Löcher haben, könnten sie auch mit Silberdraht gefasst oder eingehäkelt werden. Eine Frau hat mir einmal einen Beutel an einer langen Schnur gehäkelt. Darin bewahre ich jetzt meinen Kraftstein auf. So kann ich den Stein am Körper tragen, immer wieder einen anderen ausprobieren und muss den Stein nicht verletzen. Wolle oder Baumwolle stören die Energie des Steins nicht.

Fußbad mit Kieselsteinen

Der erste Teil ist die Wanderung: Geh hinaus und sammle kleine runde Steine, so viele, wie es braucht, um den Boden einer Fußbadewanne zu bedecken. Fülle lauwarmes Wasser auf den bedeckten Boden. Stelle die Füße auf die Steine und bewegen, die Steine mit den Zehen, sie rollen, kringeln, krallen, lassen los. Die Fußsohlen gleiten über die Steinchen. Hole am Ende die Steine aus dem Wasser und trockne sie ab und bewahre sie in einem Beutel oder in einer Schachtel auf.

Kummer-Stein/Freude-Stein

In alten Zeiten gingen die Frauen zu großen Steinen, um ihren Kummer zu erzählen, um ihre Leiden zu lindern. Sie suchten einen Findling oder einen Stein, der ihnen sympathisch war. Dann setzten sie sich zu diesem Stein oder drauf und legten los. Alles, was sie bewegte, wurde dem Stein erzählt. Gab es Schmerzen und Kummer, weinte sich die Frau aus, gab es große Freude, lachte und tanzte sie. Am Ende bedankte sie sich bei dem Stein und ging froh nach Hause. Geteiltes Leid ist halbes Leid, geteilte Freude ist doppelte Freude.
So ein Herzensritual kann auch zu mehreren im Kreis gemacht werden. Alle, die an dem Ritual teilnehmen, sprechen nacheinander in den Stein, was sie loswerden wollen. Danach kann gesummt, gesungen, getanzt werden.

Fruchtbarkeit

Wenn ich unbedingt ein Kind haben wollte, würde ich nicht zu einem Arzt gehen. Erzählen uns nicht die Alten, dass sie zu Rutschsteinen gingen und dort mit blanker Vulva rutschten, wobei sie den Kinderwunsch erzählten oder sangen? Die Wirkung liegt wohl darin, dass das Rituelle im Augenblick wichtiger wird als der verkrampfte Kinderwunsch. Die Medizin arbeitet linear. Du willst ein Kind, also wird dein Bauch mit Gas aufgebläht, untersucht, angestochen, künstlich fruchtbar gemacht. Der Stein ist alt. Er hat viel gesehen und erlebt. Du gehst zum Stein, dein Problem relativiert sich. So ein Ritual zu machen ist lustvoll, auch wenn eine keine Kinder will. Das Spielerische wirkt dem genitalen Ernst entgegen. Es geht nicht um die lineare Bewältigung eines Problems, sondern ums Feiern. Mach dich locker, spiel mit dem Stein, werde die, die du bist, dann kommt ja vielleicht das Kind, das dann auch sie/er selbst sein darf. Ein Kind ist kein Zubehör, kein Accessoire. Ruft man es, geht man ein Versprechen ein: Ich lasse dich sein, wie du bist, ich hüte dich, ich nähre dich, ich begleite all deine Aktivitäten, auch die, die ich schrecklich finde. Ich lasse dich los. Das alles wird evoziert, wenn der Stein besucht wird. Je öfter eine kommt, desto weniger geht es darum, einfach fruchtbar zu sein, sondern mehr um die rituelle Kraft, die eine Stärkung der Frau (oder wenn mehrere Frauen teilnehmen natürlich aller Frauen) ist.

Ein schönes Ritual zu einem Kinderwunsch: Leg einen Stein, den du besonders gern hast, an dein Bett. Am Morgen nimmst du ihn in die Hand, spürst ihn, hältst ihn fest, sprichst zu ihm, dann legst du ihn auf die Erde, nimmst ihn wieder hoch und legst ihn ans Bett. Jeden Tag machst du dieses Ritual. So wird sich deine innere Einstellung zu dir selbst, zum Stein, zum Kinderwunsch verändern und neu gestalten.

Alternative Version:
Finde einen schönen runden Stein. Wenn du im Bett liegst, wärme den Stein zuerst mit beiden Händen an. Dann lass ihn im Uhrzeigersinn rund um deinen Bauch herum wandern und lade dabei das Kind ein, das du gern auf die Welt bringen willst.

Zu beiden Kinderwunsch-Ritualen gehört immer auch der Respekt, wenn kein Kind zur Welt kommen will.

Steinorakel

Ein Kreis aus Steinen wird ausgelegt. Holzstecken teilen den Kreis halb und noch einmal in Viertel auf, dann werden die letzten vier Felder mit Stecken (oder Bändern) ausgelegt. Jetzt ist ein Kreis mit zwölf Feldern entstanden, also zum Beispiel ein Tierkreis. Die Bedeutung der Felder kann auf Zettel aufgeschrieben werden:

WIDDER: Entschlusskraft, Eigenwilligkeit, kämpferische Kraft, Durchsetzungsfähigkeit, Sturheit.
STIER: sinnliche körperliche Kraft, Grenzen setzen, festhalten, materialisieren.
ZWILLINGE: leichte luftige Energie, altruistisch sein, sich nicht festlegen lassen, sich anregen lassen.
KREBS: Loyalität, Familiengefühl, Treue, Launenhaftigkeit, Ernsthaftigkeit.
LÖWE: Wärme, Herzlichkeit, Gefühl für die eigene Kraft, Lebenslust, Lust, im Mittelpunkt zu sein.
JUNGFRAU: Genauigkeit, Strenge, Gefühl für das Archivieren von Wissen und Dingen, Zuverlässigkeit.
WAAGE: Harmoniebedürfnis, Konfliktvermeidung, ausgleichende Gerechtigkeit, Verbindlichkeit.
SKORPION: klarer Blick, Konsequenz, tiefe Sinnlichkeit, Ehrlichkeit, Zweifel, alles bis zum Letzten wissen wollen.
SCHÜTZE: Inspiration, Lebensfreude, Geselligkeit, Selbstbewusstsein bei gleichzeitigem Selbstzweifel.
STEINBOCK: Wissen verarbeiten, gastgeberisches Talent, MenschenfreundIn, aus Kargheit schöpfen.
WASSERMANN: Information sammeln, Wissen bewahren, andere informieren, Lehre und Weisheit verbreiten.
FISCHE: im Tanz der Welt taumeln, mal kreativ, mal jubelnd, mal niedergeschmettert, im Fluss sein oder unter der Verfestigung leiden.

- Drei Steine, ein heller, ein roter und ein dunkler, werden nun in den Kreis geworfen.
- Der helle Stein bezeichnet, was eine/r zu lernen, zu erfahren, aufzunehmen hat.
- Der rote Stein bezeichnet, wo eine/r in der vollen Kraft ist.
- Der schwarze Stein bezeichnet, wo eine/r hinwächst.

Fallen die Steine außerhalb des Kreises auf die Erde, wird noch einmal geworfen. Am besten wirft man nicht zu hoch und zu heftig.

Bei der Deutung geht es darum, das Spielerische an erste Stelle zu setzen. Es ist kein Urteil, sondern ein spielerischer Vorschlag.
Der Kreis könnte wie beim Medizinrad auch nur die vier Himmelsrichtungen einteilen.

- Im Osten: Beginn.
- Im Süden: das Kindliche, Spielerische.
- Im Westen: der Abschied, das Häuten, der Tod.
- Im Norden: Wissen, Weisheit, Lehre.

Oder man spielt es wie die Kinder, etwas abgewandelt als »Himmel und Hölle«:

Himmel und Hölle

Mit Kreide auf die Straße/das Straßenpflaster oder mit einem Stock in die Erde/in den Sand malen:

Unten ist die Hölle
dann 1 und 2 nebeneinander
3 in die Mitte über den beiden
4 und 5 nebeneinander
6 in die Mitte über den beiden
7 und 8 nebeneinander
9 ist dann der Himmel, der sich über dieser Konstruktion wölbt.

Ein Stein wird geworfen, wo er hinfällt, hüpft man hin, dreht sich und hüpft zurück.
In der Zahlensymbolik wäre das:
Fällt der Stein in die Hölle – Reinigungsprozess, man hüpft einmal auf einem Fuß ganz hinauf in den Himmel, dreht sich springend und hüpft zurück.

1 Alles ist da, man springt nur bis zur 1 und zurück.

2 Spiegel, die eigene Haltung wird reflektiert, bis 2 springen, drehen und zurück.

3 Mit beiden Füßen zugleich in 1 und 2 springen, nur mit dem rechten in 3, drehen und zurück. 3 ist die magische Öffnung, der Beginn von etwas Neuem.

4 Wie zur 3 springen, dann mit dem linken Fuß in die 4, drehen und genauso zurück. 4 heißt neue Ordnung schaffen, ausmisten.

5 Mit beiden Füßen auf 1 und 2 gleichzeitig, rechts auf 3, beide Füße auf 4 und 5, drehen und zurück. Die 5 ist die Quintessenz, jetzt geht's ans Eingemachte. Gute Zeit!

6 Wie bis zur 5 und mit rechts auf die 6, drehen und zurück. 6 ist Ausgleich, Harmonie, Heilung.

7 Wie bis zur 6 und mit links auf 7 drehen und zurück. Jetzt geht's ins Rätsel, alles muss neu überdacht werden. Glück!

8 Zwei, eins, zwei, eins, zwei springen, im Sprung drehen und genauso zurück. Kraft, Autorität, Lebensfreude.

9 Wie zur 8 und mit beiden Füßen in den Himmel springen, drehen und genauso zurück. Fülle, Überfluss, Ekstase.

Kieselsteine bemalen

Ein schönes Ritual mit Kindern. Die Steine werden mit Motiven bemalt, die heilende und besänftigende Wirkung haben, mit Blumen, Tieren, Wolken, Sonne, Mond, Sternen oder was die Kinder gern darstellen wollen. Sind die Steine bemalt, gehen alle mit ihren Steinen zu einem Ort, wo diese Steine ausgelegt werden sollen. Nun kann entweder ein Kreis aus bemalten Steinen gelegt werden oder die Steine werden in Astgabeln von Bäumen, auf andere Steine usw. platziert. Zum Abschluss kann getrommelt, gerasselt, gesungen und getanzt werden.

Steine mit Zahlen, Göttinnen oder Tarotsymbolen bemalen

Ein schönes Orakel lässt sich mit selbst gestalteten, selbst bemalten Steinen durchführen. Dazu muss zuerst einmal entschieden werden, ob das Orakel mit den Zahlen von 1 bis 9, mit Göttinnennamen oder mit Tarotsymbolen gemacht werden soll. Die Göttinnennamen können zum Beispiel von meinem Göttinnenspiel oder aus dem Internet zusammengesucht werden. Um Tarotsteine zu bemalen, braucht man entweder Kenntnis des Tarots oder ein Spiel, von dem die Symbole kopiert werden können. Die Zahlensymbolik wäre

1 das Ungeordnete, die Fülle
2 Gegensatz, Ergänzung, Partnerschaft
3 Schwellenzahl, Übergang in eine neue Erfahrung, einen neuen Raum
4 Ordnung herstellen, Probleme klären
5 Quintessenz herausfiltern, worum geht's eigentlich?
6 Ausgleich, Heilung, Harmonie
7 ins Rätsel, ins Labyrinth gehen, alles neu definieren. Glückszahl
8 natürliche Autorität, Kraft
9 Rückzug, Reife, Wissen

LANDKARTEN DER HIMMLISCHEN EREIGNISSE

saßen wir nicht bei den alten steinwesen und warteten auf das himmelsfeuer?
wärmten wir uns nicht an den wundern die wir sahen?
gab uns die erde nicht die kraft
große felsen zu bewegen?
halfen nicht die felsen selbst uns?
schrieben wir nicht den puls unseres lebens in den stein?
sangen wir dem wind nicht unsere liebeslieder?
sanken wir nicht ein im fluss der wiederkehr?
tanzten wir nicht botschaften in den himmel und
warf der himmel nicht botschaften des lichts zu uns auf die erde?
warteten wir nicht an den orten der wunder
wo himmel und erde sich begegneten
im funkeln der sterne, im schimmern des mondes?
standen wir nicht bei den alten steinen und weckten ihre kraft mit unseren gesängen?

über die erde strichen wir
unser atem berührte die felsen
unsere fingerspitzen liebkosten die luft
und erst im tiefen seufzen nahm die erde uns auf
löschte das feuer
unsere sehnsucht trug das wasser uns fort

wenn ich die gesänge erinnere
habe ich nicht die kraft, sie zu singen
wenn ich die pfade finde
habe ich nicht den mut, sie zu gehen
wenn ich die alten erkenne
wenden sich meine augen ab

da bäumen sich meine zellen auf
da löst sich ein schrei
da fließen meine tränen
da fällt ein stern

geh jetzt, mach dich auf den weg
geh den pfad
sing den gesang
schau in die landkarte der alten erinnerung
grüße die alten

LITERATUR

5 Miljon Jaar Menselijk Avontur, Brüssel 1990

Alarcao, Jorge de: Arqueologia da Serra da Estrela, Manteigas 1993

Aphrodites Schwestern, Ausstellungskatalog Überseemuseum, Bremen 1987

Badisches Landesmuseum, Jungsteinzeit im Umbruch, Karlsruhe 2011

Demoule, Jean-Paul u. Lessing, Erik: Naissance de la Figure, Paris 2007

Derungs, Kurt u. Schlatter,Christina: Quellen Kulte Zauberberg, Grenchen 2005

Die ältesten Monumente der Menschheit, Katalog zur Ausstellung im Landesmuseum, Karlsruhe 2007

Eiszeit Kunst und Kultur, Katalog zur Landesausstellung, Stuttgart 2009

Fisher, Angela: Afrika im Schmuck, Köln 1984

Forkl, Hermann: Heil- und Körperkunst in Afrika, Stuttgart 1997

Gartner, Bettina: Die ältesten Kunstwerke der Welt, National Geographic Online

Gimbutas, Marija: The Goddesses and Gods of Old Europe, London 1982

Dies.: The Language of the Goddess, New York 1989

Glarner Sagen, Glarus 1977

Goncalves, Victor S.: Muitas Antas Pouca Gente?, Lisboa 2000

Im Zauberreich der Elfen, Zwerge und Kobolde, Bayreuth 1983

Haas, Volkert: Hethitische Berggötter und hurritische Steindämonen, Mainz 1982

Hansmann, Lieselotte u. Kriss-Rettenbeck, Len: Amulett und Talisman, München 1977

Heermann, Ingrid u. Menter, Ulrich: Schmuck der Südsee, München 1990

Hellberg, Alexandra von: Heiliges Land Eppan, Bozen 2009

Hirschberg, Walter: Wörterbuch der Völkerkunde, Stuttgart 1965

Hundert Meisterwerke, Die schönsten Geotope Bayerns, Bayr. Landesamt f. Umwelt, München 2012

Keel, Ottmar u. Schroer, Silvia: Eva – Mutter alles Lebendigen, Fribourg 2004

Klenkler, C.E.: Sahara – Prähist. Artefakte/Objets Prehistoriques, Genève 1986

König, Marie: Unsere Vergangenheit ist älter, Frankfurt 1980

Kunst und Kultur der Hethiter, Ausstellungskatalog Kunsthaus, Zürich 1961

Kruckenburg, Martin: Die Kelten, Stuttgart 2010

Lepenski Vir, Ausstellung Römisch-Germanisches Museum Köln, Belgrad 1981

Les-Eyzies-De-Tayac, Paris 2011

Lippard, Lucy R.: Overlay, New York 1983

Mellaart, James: Earliest Civilizations of the Near East, London 1965

Ders.: Catal Hüyük, London 1966

Mille et une Femmes, Édition Grand Palais, Les Eyzies 2011, Katalog zur gleichnamigen Ausstellung

Müller-Beck, H. u. Albrecht, G.: Die Anfänge der Kunst vor 30 000 Jahren, Stuttgart 1987

National Geographic Deutschland Juni 2009

Niel, Fernand: Auf den Spuren der großen Steine, Herrsching 1989

Orient und Okzident, Katalog zur Ausstellung Prähist. Philipp v. Staatssammlung, München 1995

Palma dos Santos, Anna: Monumentos Megalithicos do Alto Alentejo, Lisboa 1994

Pereira, Paulo: Lugares Magicos de Portugal, Rio de Mouro 2004

Portugal from its Origins through the Roman Era, Lisboa 1989

Prati, Edith: Südtirol Brauchtum und Erzählung, Brixen, keine Jahresangabe

Probst, Ernst: Deutschland in der Steinzeit, München 1999

Schmölders, Claudia: Die Wilde Frau, Köln 1983

Sherr Dubin, Lois: Alle Perlen dieser Welt, Köln 1987

Simek, Rudolf: Lexikon der germanischen Mythologie, Stuttgart 1984

Thilmans, G. u. Ravise, A.: Préhistoire du Senegal Band 1 und 2, Dakar 1980

Trésors du nouveau Monde, Bruxelles 1992

Voelter, Gretl: Die schönsten Alpensagen, Innsbruck 1965

Wettstein, Marion: Jenseitswelten. Von Geistern, Schiffen und Liebhabern, Ausstellungskatalog Völkerkundemuseum, Zürich 2005

Williams, Michael: Strange Happenings in Cornwall, Bodmin 1981

Zabern (Hrsg.): Vergessene Städte am Indus, Mainz 1987

https://munichshow.com

BILDLEGENDE

Vorsatz: Steinritual am Cape Cornwall (England)

S. 1: Hebe, hethitische Berggöttin (Mischtechnik) von Luisa Francia

S. 3: Pyritsonne

S. 4: Die Autorin bei einer Meditation auf einem Kieselsteinstrand am Fluss Guadiana (Portugal)

S. 6: Drei Steine aus der Sahara

S. 7: Steinkreis Xerez, Mosaraz (Portugal) mit Regenbogen

S. 8/9: Der Fluss Degebe bei Vendinha, Alentejo (Portugal)

S. 10: Kristall aus dem Binntal (Schweiz)

S. 11: Sammlung von jungsteinzeitlichen Amuletten aus Ponts de Cé (Frankreich)

S. 12: Stein mit steinzeitlichen Ritzungen, Alqueva (Portugal)

S. 13: Sheela-na-Gig-Figur, Baskenland (Spanien)

S. 15: Ammonit, gefunden in Mustang (Nepal)

S. 16: Steinsetzung Aldeia da Mata, Alentejo (Portugal)

S. 17: Olival da Pega 2, steinzeitlicher Dolmen, Monsaraz (Portugal)

S. 18: Hebat, Berg- und Erdgöttin (Mischtechnik) von Luisa Francia

S. 20: „Kinderkopf"-Stein, gefunden in einer Baustelle in Basel (Schweiz)

S. 21: Versteinerter Baumstamm, Museum Reich der Kristalle (München)

S. 22: Sonnenaufgang am Almendres Steinkreis, Évora (Portugal)

S. 24: Kieselsteine für ein Kieselsteinritual

S. 26: Venus von Willendorf (Österreich)

S. 27: Frauen feiern ein Steinritual (Tusche, Mischtechnik) von Luisa Francia

S. 28/29 von links nach rechts: Kette mit Achaten, Kalksteinperlen und Kristallen; Kette mit halben Dzi-Perlen aus Tibet und Korallen; Chinesisches Jadeamulett aus der Hongshan-Zeit; Dzongdzi-Perlenkette aus Tibet
S. 30: Flint-Kiesel (Feuerstein) in den Tuilerien, Paris (Frankreich)
S. 31: Feuersteinfigur, mit Kalk überzogen, gefunden am Ufer der Saône (Frankreich)
S. 32: Steinzeitlich genutzte Höhle bei Monsaraz (Portugal)
S. 33: Zambujeiro Grabkammer aus ca. 6 m hohen Steinen, die aus vier verschiedenen Richtungen herangebracht wurden, jungsteinzeitlich, Évora (Portugal)
S. 36: Schachtel mit Zaubersteinen und Steinmörsern vom Flohmarkt, Estremoz (Portugal)
S. 38 links: Stein in einer jungsteinzeitlichen Anlage Barrocal, Alentejo (Portugal); rechts: Rocha dos Namorados, Corval (Portugal)
S. 40/41 von links nach rechts: künstlicher Rubin; falscher Lapislazuli; Kette mit echten Lapislazulisteinen; falsche Bernsteine auf einer sogenannten Brotkette aus der Sahara
S. 45: Verkaufsstand mit falschen Halbedelsteinen aus Taipeh (China)
S. 46: Kristalle aus Russland
S. 47: Kristalle aus Tibet
S. 49: Quarzkristallkugel aus der Schweiz
S. 50/51 von links nach rechts: Kristalle von der inneren Umrundung des Kailash (Tibet); Kristall aus Brasilien; Kristall und Rauchquarze aus Binn (Schweiz)
S. 53: gelber Quarz in Tierform aus Sri Lanka
S. 54: Steinzeitliche Schamanenkette der Inuit, Alaska
S. 55: Ritual im Steinkreis (Tuschezeichnung) von Luisa Francia
S. 56: Kultaxt, Bayern, Feldfund
S. 57: Altsteinzeitlicher Faustkeil mit Mondgravierung
S. 58: Steintisch mit Fisch-Gravierung, Alquevasee (Portugal)
S. 59: Stein mit Gravuren Alquevasee (Portugal)
S. 60: Schalenstein, Monsaraz (Portugal)
S. 61: Opal im Muttergestein, Australien
S. 64/65 von links nach rechts: Quarz mit Augeneinfärbung; Geburtsidol der Hongshan-Kultur mindestens 5000 Jahre vor unserer Zeit; Frauenidol, jungsteinzeitlich (Marokko); Medusenköpfchen, römisch (Marokko)
S. 67: Kalksteinidol, Palmela (Portugal)
S. 68: Zeichnung eines Steinidols, Dolní Věstonice (Tschechien)
S. 70: Kristall, Cornwall (England)
S. 72: Jungsteinzeitliche Steinkammer, Reguengos de Monsaraz (Portugal)
S. 73: Mên-an-Tol, jungsteinzeitliche Lochsteinanlage nahe Pendeen, Cornwall (England)
S. 76: Am Isarkieselstrand, München
S. 77: Steinskulptur eines Raubvogels, Carrapatelo (Portugal)
S. 78: Xerez Steinkreis, Monsaraz (Portugal)
S. 80: Steinwanne in einer steinzeitlichen Anlage, Telheiro (Portugal)
S. 81: Sonnenaufgang zwischen Steinen und Olivenbäumen, Alentejo (Portugal)
S. 82: Steine am Isarstrand bei Gaißach
S. 83: Steine am Strand der Irischen See, Cape Cornwall (England)
S. 84 links: Füße der Autorin am Isarstrand, München; rechts: Kieselsteine am Isarstrand
S. 85 beide Bilder: Kieselsteinstrand am Alquevasee (Portugal)
S. 86: Steinhaufen an der Isar in München
S. 87: Steinpyramiden bei Bad Tölz an der Isar
S. 88: Steingöttin (Mischtechnik) von Luisa Francia
S. 91: Schiefersteinidol, Alentejo (Portugal)
S. 92: Steinskulptur (Marmor), Künstler unbekannt, Bretagne (Frankreich)
S. 94/95: Madrisa, Göttin der Berge (Mischtechnik) von Luisa Francia
S. 100: Steinzeitliche Tierskulptur, Barrocal, Reguengos de Monsaraz (Portugal)
S. 101: Steinzeitliche Frauen-Idolfigur, Aldeia da Mata, Alentejo (Portugal)
S. 105: Bronzebrosche mit Koralle, Türkis und Lapis bestückt und Schmucksteinketten aus Koralle, Karneol, Lapis, Jaspis, Türkis
S. 108: Kette aus geätzten Karneolen, afrikanischem Amazonit und Korallen
S. 110/111: verschiedene Ketten aus afrikanischen und tibetischen Korallen, Bernsteinperlen, Achatperlen, Quarzen, Kristallen und Muschelringen
S. 112: Kette aus afrikanischen Webgewichten, Korallen und Bernsteinperlen, in der Mitte ein steinzeitlicher Klingenschleifstein aus Quarz
S. 113: Plakat des Rieskratermuseums Nördlingen mit einem Mondstein
S. 114 oben: Meteorit aus den USA; unten: Meteorit aus Kamtschatka (Russland)
S. 116: Stein aus der Sahara, der bei einem Meteoriteneinschlag entstand, mit Quarzeinschluss
S. 117: Meteorit aus Sibirien
S. 118: Pyritsonne
S. 120: Steinerner Engel auf dem Friedhof von Sancreed, Cornwall (England)
S. 122: Französisches Nationalmuseum für Frühgeschichte in Les Eyzies-de-Tayac-Sireuil, Dordogne (Frankreich)
S. 124: Steinplateau mit rätselhaften Einfärbungen in St. Michael, Eppan (Südtirol)
S. 127: Steinsetzung für aussterbende Arten, Hannsjörg Voth, Herrmannsdorf, Glonn (Bayern)
S. 130: Stoanane Manndlen, Sarntal (Südtirol)
S. 133: Steinkreis Nioro du Rip, Senegal (Westafrika)
S. 134: Kästchen für die Steingöttin Tanna (Holz, Steine, Mischtechnik) von Luisa Francia
S. 137: Die Autorin auf einem Stein, Monsaraz (Portugal)
S. 138: Steinschale mit Salamander, SteinReich Bremen
S. 139: verschiedene Steinidole und Steinschaber
S. 140: Steinhaufen, Gut Herrmannsdorf, Glonn (Bayern)
S. 141: Ritual mit Steinkreis, Südfrankreich
S. 147: Kreis aus Steinen und Nägeln, Ritual, Portugal
S. 151: Steine aus dem Kreis Maria do Meio, Portugal
Nachsatz: Gletscherschliff bei Flintsbach, Bayern